novum premium

Philip Blanke

EIN **MACHER** SEIN

WORAUF WARTEST DU?

novum premium

Bibliografische Information
der Deutschen Nationalbibliothek:

Die Deutsche Nationalbibliothek
verzeichnet diese Publikation in
der Deutschen Nationalbibliografie.
Detaillierte bibliografische Daten
sind im Internet über
http://www.d-nb.de abrufbar.

Gedruckt in der Europäischen Union
auf umweltfreundlichem, chlor- und
säurefrei gebleichtem Papier.

ISBN 978-3-99130-296-4
Lektorat: Tobias Keil
Umschlagfotos: Javier Larraondo,
Anastasia Vishnickaya,
Lukas Gojda | Dreamstime.com
Umschlaggestaltung, Layout & Satz:
novum Verlag
Innenabbildungen: Philip Blanke

Die vom Autor zur Verfügung gestellten Abbildungen wurden in der bestmöglichen Qualität gedruckt.

www.novumverlag.com

Climate neutral
Print product
ClimatePartner.com/16547-2201-1002

INHALTSVERZEICHNIS

GLEICH ZUM ANFANG

Dieses Buch kann deine Probleme nicht für dich lösen, nur du kannst das.

Dieses Buch vermittelt lediglich einen Leitfaden. Auf Basis dessen kannst du dir bewusst machen, dass du mit weniger Aufwand, als du wahrscheinlich erwartest, deinem Alltag entfliehen kannst. Mit etwas Aufwand und dem bisschen Glück, was dazugehört, machst du dich unabhängig(er) von Arbeit, welche dir keinen Spaß macht. Das hier ist kein Finanzratgeber. Ich möchte dir lediglich anhand von ein paar Beispielen bewusst machen, was ein glückliches Leben ausmachen kann. Kleiner Tipp: Geld ist es nicht.

Mein Ziel mit diesem Buch ist es, jedem Menschen das Leben zu erleichtern und durch bewussten Fokus auf das Gute die Leben jeder Person auf dieser Erde zu verbessern.

Wenn wir unseren Fokus alle bewusst auf das Gute lenken und achtsam gegenüber Schlechtem sind, schaffen wir es als Menschheit langfristig, das Leben jedes Menschen nachhaltig zu verbessern, und sichern durch Nächstenliebe ein Überleben der Menschheit.

Ich möchte Individuen dazu inspirieren, durch bewussten Fokus auf Gemütlichkeit ihr Leben in Frieden zu verbringen – einem Frieden abseits vom Stress des Alltags, dem nächsten Gehaltscheck oder der nächsten Klausur.

Eine Welt, in welcher sich jede Person auf das persönliche Weiterkommen und die Entwicklung einer individuellen Bewusstseinskultur konzentrieren kann, welche ihm/ihr gemäß eigener Bewertung guttut, wird im Leid anderer keine Notwendigkeit für eine funktionierende Gesellschaft sehen.

„Be the change you wish to see in the World."
Mahatma Gandhi

GEWOHNHEITEN

Jeder Mensch hat von Natur aus ein gewisses Potenzial, das nicht verschwendet werden **darf**. Alle Erfindungen und Fortschritte, welche die Menschheit gemacht hat, haben ein und denselben Ursprung: den menschlichen Intellekt. Ich möchte an dieser Stelle betonen, dass der Intellekt eines Menschen erstmal nichts mit der Intelligenz dieses Menschen zu tun hat.

Der Intellekt ist naturgegeben. Jedes Baby hat ihn und nutzt ihn. Der Intellekt erweitert sich, indem er neues lernt. Anfangs beobachten Kleinkinder ihre Eltern und andere Menschen. Im Laufe ihres Lebens nutzen sie das so erlangte Wissen, um diese Menschen auf die eigene Art und Weise nachzumachen. So haben du, ich und der größte Teil der Menschheit krabbeln, laufen und sprechen gelernt.

Mithilfe des Intellekts eignet sich jeder Mensch auf diese Weise dann seine individuelle Intelligenz an. Auch dieser Prozess setzt im Laufe eines Menschenlebens ganz natürlich ein. Kinder schauen sich bei ihren Eltern ab, dass Blumen ein schönes Mitbringsel für ihre Mutter sind, und lernen so, wie sie ihr mit einem kleinen Aufwand eine große Freude machen können.

„Es ist die wichtigste Kunst des Lehrers,
die Freude am Schaffen und am Erkennen zu wecken."
Albert Einstein

Das Zusammenspiel aus Intelligenz, Intellekt und einigen Aspekten des alltäglichen Lebens, auf welche ich in diesem Buch eingehe, machen die individuellen Gewohnheiten aus, aus welchen sich das Leben zusammensetzt. Ich gehe später auf das

Zusammenspiel aus Intellekt und Intelligenz unter Verwendung des Bewusstseins ein.

Deine Intelligenz bestimmt dein Leben, ist äußeren Umständen aber nicht einfach nur so ausgeliefert. Ab einem gewissen Alter ist man dazu in der Lage, sich Wissen anzueignen, mit welchem man sich ein erfülltes Leben schaffen kann. Das restliche Buch über werde ich dieses Leben als ein reiches Leben bezeichnen.

Reich bist du nach dieser Definition nicht, wenn du viel Geld hast, sondern wenn du es schaffst, deine Zeit mit Aktivitäten zu füllen, welche **dir** langfristige Freude bereiten. Das ist nur möglich, wenn du deine Handlungen mithilfe deiner Intelligenz bewusst auf einen Weg lenkst, welcher **dir** Freude bereitet.

Gleichzeitig sollte der Intellekt in dir dazu in der Lage sein, wirklich wichtige Grundsätze zu erkennen, zu verstehen und anzuwenden. Diese Grundsätze werde ich später als Prinzipien erläutern.

Dein Gehirn lernt dauerhaft. Ob bewusst oder unbewusst. Es ist eine durchgängig aktive Lernmaschine. Selbst, wenn du einen ganzen Tag im Bett liegen und nichts tun würdest, hättest du am nächsten Tag gelernt, dass das ziemlich langweilig ist.

Ich möchte an dieser Stelle auf die Bedeutung der Worte *schlau* und *dumm* eingehen:

Schlauheit und Dummheit sind bei einem neutralen Intellekt nicht wie allgemein angenommen eine Eigenschaft des Menschen, welcher über ihn verfügt, sondern nur die einer einzelnen Handlung dieses Menschen.

Dumme Handlungen lassen diesen Menschen anderen gegenüber dumm erscheinen und/oder wirken sich offensichtlich dumm auf einen Prozess aus, an welchem dieser Mensch beteiligt ist. *Dummheit definieren wir als unüberlegtes Handeln.*

Schlaue Handlungen stellen das genaue Gegenteil dar und lassen die Person demnach schlau wirken, indem diese schlaue Sachen von sich gibt oder durch gute Ergebnisse von einer (in dieser Hinsicht) gut geschulten Intelligenz überzeugt. *Schlauheit definieren wir als durchdachtes Handeln.*

Es scheint schon durch, dass alles, was zwischen Schlauheit und Dummheit einer Person steht, der Intellekt dieser Person ist. Mit deinem Intellekt **schaffst du selbst** deine Intelligenz.

Ein glückliches Bewusstsein braucht an und für sich keine materiellen Reichtümer, sondern nur erfüllende Aktivitäten.

Hat man so also garantiert ein glückliches Leben? Im Grunde genommen schon, allerdings sollte man sich sicher sein, dass der gewählte Weg für **immer** größtenteils glücklich verlaufen wird.

Dafür ist das Fundament, auf welchem du deinen Weg läufst, am wichtigsten. Stellen wir uns den Weg mal von oben gesehen vor:

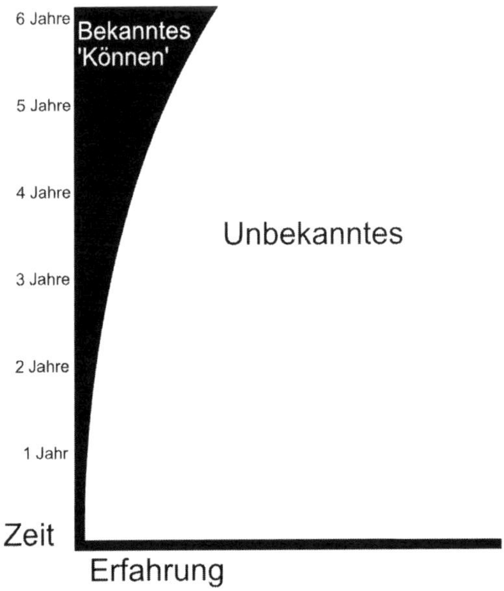

Das Bekannte, welches sich das Individuum aneignet, nimmt gerade am Anfang des Lebens schnell und vor allem wichtig zu. Dass Kinder, deren Eltern rauchen, im späteren Leben eher zum Rauchen neigen, ist schon lange nachgewiesen.

Konzentrieren wir uns anhand dieses Beispiels also auf die, die im späteren Leben nicht mit dem Rauchen anfangen. Solche Personen schaffen es alleine, ihre Intelligenz gegen den ursprünglichen Input zu bilden. Zwar sagen Rauchereltern ihren Kindern in der Regel, das Rauchen sei schlecht, jedoch vermitteln ihre Handlungen das Gegenteil.

Da es besser ist, nicht zu rauchen, entscheiden sich die Kinder bewusst dagegen.
Ab einem gewissen Alter entwickelt sich das Bewusstsein. Dein (Selbst-)Bewusstsein zeigt sich anderen in Form deiner Persönlichkeit: es ist das Individuelle am Individuum. Je selbstbewusster du wirst, desto stärker wird auch deine Persönlichkeit.

Mithilfe deines Bewusstseins verwendest du den Intellekt und schaffst so deine Intelligenz, welche wiederum die Erfahrungen für dein Bewusstsein schafft. Es ist das **Wichtigste** im Leben einer jeden Person, sich dieses Prozesses bewusst zu sein.

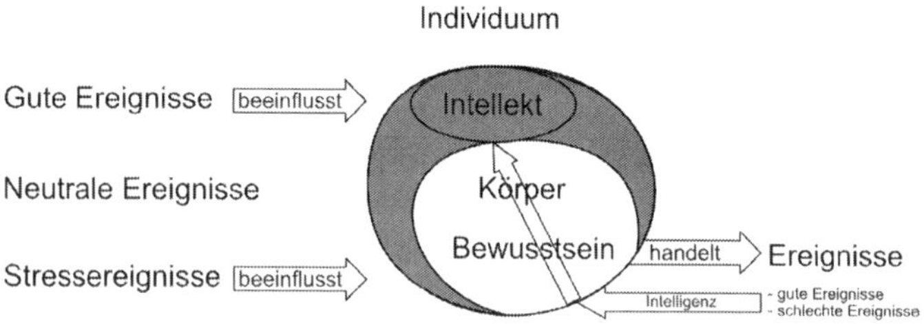

Da dieser Kreislauf für ein nachhaltig glückliches Leben so wichtig ist, erkläre ich die Hauptbestandteile nochmal in anderen Worten:

Bewusstsein:

Das Bewusstsein ist von Grund auf neutral. Das wird dadurch bewiesen, dass adoptierte Kinder je nachdem, zu welcher Familie sie kommen, ihr Leben auf Basis dieser erleben werden. Die Frühentwicklung des Kindes hängt mehr von den Adoptiveltern ab, als von dem Kind und seinem Bewusstsein.

Durch Achtsamkeit ist es auch im späteren Leben noch möglich, das Bewusstsein zu ‚bearbeiten' und durch bewusstes Zurückerinnern einen ähnlichen Zugriff auf das Unterbewusste zu bekommen. Ich werde am Ende des Buches kurz meine Meditationstechniken erklären.

Intellekt:

Man könnte den Intellekt als das Werkzeug des Bewusstseins bezeichnen. Dem Intellekt entspringen Möglichkeiten in Form von Gedanken bzw. Ideen. Auch ein Gerät, mit welchem Menschen ganz ohne Festnetzanschluss (fast) überall telefonieren können, war anfangs nur eine Idee. *Der Intellekt ist die Fähigkeit, unter Einsatz deines Denkens Erkenntnisse zu gewinnen.*

JEDER Mensch schöpft von dem gleichen Intellekt. Der Intellekt ist von Grund auf neutral, aber er verkümmert bei ungenutztem Potenzial!

Den Intellekt trainiert man, indem man sich selbst Ziele setzt und diese dann erreicht. Das Bewusstsein ist so dazu in der Lage, sich selbst zu belohnen. Dazu später mehr.

Je anspruchsvoller das erreichte Ziel, desto besser ist das Training für den Intellekt.

Das Lesen der richtigen Bücher ist ausschlaggebend für einen weitreichenden Intellekt im Individuum. Zu einem späteren Teil des Buches erkläre ich dir meinen Trainingsplan für einen guten Intellekt.

Intelligenz:

Die Intelligenz bezeichnen wir hier als Übergang zwischen der Gedankenwelt des Individuums (Bewusstsein & Intellekt) und Realität aller Individuen (Handlungen & Ereignisse). *Die Intelligenz ist die Fähigkeit, Situationen zu analysieren und konstruktiv zu handeln.*

Der Intellekt enthält jetzt schon die Grundlagen für deine zukünftige Intelligenz. Wichtig ist es zu beachten, dass die Intelligenz einer jeden Person, genau wie ihr Intellekt, grundsätzlich allumfassend ist. Mit dem Intellekt ist jeder Mensch dazu in der Lage sich individuelle Intelligenz zu bilden und bewusst zu handeln.

Auch ist es wichtig zu beachten, dass hier jede bewusste Handlung gemeint ist. Das ist jede Handlung, welche du mit deinen Gedanken davor oder danach erfasst. So gesehen alles, was du (egal wie kurz auch nur) bewusst wahrnimmst.

Mit bewusst durchdachten Handlungen können zukünftige Ereignisse in eine bestimmte Richtung gelenkt werden.

Ziel ist es, den Bereich der bewussten Handlungen so groß wie möglich werden zu lassen. So hast du in jeder Situation viele Optionen an möglichen Handlungen, was beruhigt. Achtsames Handeln macht auch Veränderungen möglich. Wenn du im Alltag achtsam bist, erkennst du schädliche Gewohnheiten an dir selbst besser und die Abgewöhnung kann leichter fallen.

Ebenfalls nutzt du deine Intelligenz um Handlungen anderer aus eigener Perspektive zu bewerten. Ein gutes Einfühlungsvermögen ist im Umgang mit anderen in jeder Situation ein nützliches Talent.

Ereignisse:

Ereignisse sind alles, was dir passiert. *Alles, mit was du Tag für Tag aktiv in Verbindung stehst, ist ein Ereignis.* Das können die eigenen Handlungen, Handlungen anderer, welche dich einschließen, sein; aber auch Handlungen anderer, die du durch Beobachten wahrnimmst, sind Ereignisse.

Ereignisse lassen sich, wenn sie passiert sind, nicht mehr rückgängig machen. Du hast allerdings einen Einfluss darauf, auf welche Art und Weise du auf ein Ereignis reagierst und/oder wie du darüber denkst.

Ereignisse werden vom Körper wahrgenommen, welcher sie mit dem Gehirn verarbeitet. Auf die Gedanken und Gefühle, welche so entstehen, kann das Bewusstsein zugreifen.

So entstehen Bewusstseinskreisläufe, aus welchen sich wiederum Individuen bilden.

Du lebst zwar auch weiter, wenn du dir dieses Kreislaufes nicht bewusst bist, jedoch kann es die Begeisterung an egal was steigern, wenn man weiß, wofür man handelt.

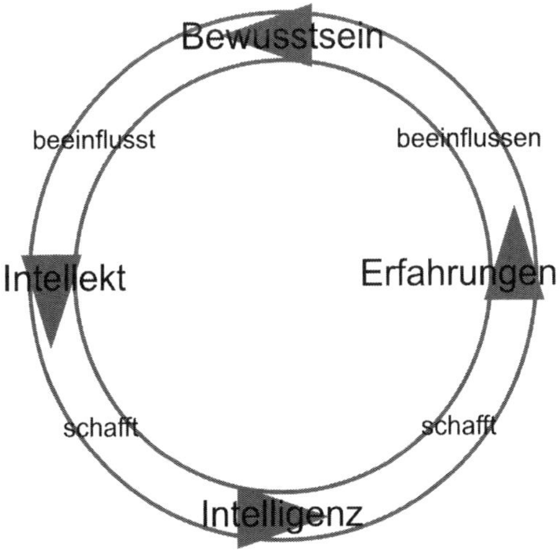

POSITIVE PSYCHOLOGIE

Der US-amerikanische Bestsellerautor Stephen Covey hat das Prinzip der Positiven Psychologie mit seiner 90/10 Regel treffend auf den Punkt gebracht.

Sein 90/10 Prinzip besagt, der Alltag besteht zu neunzig Prozent aus Wahrnehmung und nur zu zehn Prozent aus dem, was wirklich passiert.

Diese zehn Prozent beziehen sich auf Ereignisse, auf welche du wirklich keinen Einfluss hast. Das Wetter, der Straßenverkehr und die Organisation der öffentlichen Verkehrsmittel, Krankheit oder Gesundheit, es gibt noch viel mehr Beispiele. Die restlichen neunzig Prozent sind einzig und allein du.

Lass uns das 90/10 Prinzip also anhand eines anschaulichen Beispiels verdeutlichen:

Du hast morgens mit deiner Partnerin/deinem Partner am Frühstückstisch gesessen. Sie/Er ist schon vorher vom Tisch aufgestanden und hat ihr/sein halbvolles Glas an einen unüblichen Platz gestellt.

Du bemerkst es nicht und stößt dagegen. Das Glas ist hin und der Boden voll mit O-Saft und Scherben. Die pünktliche Bahn bekommst du jetzt ganz sicher nicht mehr. Ausgerechnet heute hast du ein wichtiges Kundengespräch um 09:00 Uhr, direkt nach Dienstbeginn.

Gehetzt fängst du an die Scherben einzukehren und regst dich in Gedanken schon über den/die jeweils andere/-n auf. Er/Sie ist schon mit dem gemeinsamen Auto zur Arbeit gefahren, was deine Wut nur noch mehr anheizt. Du denkst dir etwas wie:

Nur weil er/sie sein/ihr Glas nicht richtig wegstellen kann und nicht Bahn fahren will, komme ich ausgerechnet heute auch noch zu spät.

Als du das Unglück in der Küche notdürftig beseitigt hast, rufst du dir ein Taxi, welches natürlich in den Trott des Berufsverkehrs gerät. Während du auf deinem Smartphone flüchtig schlechte Nachrichten aus aller Welt liest, bist du mental schon bei deinem empörten Kunden, den spöttischen Kollegen und dem wütenden Chef.

Auf der Arbeit angekommen, läufst du hastig in Richtung deines Kunden und machst dabei einen sehr gestressten Eindruck. Auf dem Weg schielst du noch schnell in Richtung deines Chefs, welcher deine Verspätung sichtlich billigt. Du hörst deine spöttischen Kollegen beiläufig flüstern. Während dem Kundengespräch schaffst du es nicht mehr, den in dir entstandenen Stress zu verstecken.

Du kommst nach Feierabend noch stressgeladener als vor der Arbeit nach Hause. Da ihr den Tag über keinen Kontakt über Social Media hattet, kannst du nicht wissen, dass er/sie ebenfalls einen sehr stressigen Arbeitstag hatte.

Um die über den Tag entstandene Stressblase aufzulösen, machst du sie/ihn auf entsprechende Art auf die schlechte Platzierung des Orangensaft am Morgen aufmerksam. Ein Streit, welcher auch am übernächsten Tag noch deutlich zu spüren ist, entsteht.

Warum ist es zu diesem Ergebnis gekommen?

- Weil dein/-e Partner/-in das Glas falsch hingestellt hat.
- Weil ihr beide stressige Arbeitstage hattet.
- Weil du gestresst reagiert hast.

Natürlich spielen alle Punkte eine Rolle. Für dein Handeln ist jedoch nur der letzte verantwortlich. Werfen wir also nochmal einen Blick darauf, wie ein exakt gleicher Tag verlaufen könnte:

Als das Glas mit O-Saft umfällt, fällt dir ein, dass du dein Glas bei Eile auch gerne mal an diese Stelle stellst. Du entfernst die Überbleibsel notdürftig und rufst dir ein Taxi.

Als das Taxi in den Berufsverkehr gerät, denkst du dir: „Wenn schon zu spät, dann richtig!“ und lächelst darüber ein wenig. Du schaust aus dem Fenster und unterhältst dich ein wenig mit dem Taxifahrer über die üblichen Stimmungen seiner Kunden im morgendlichen Berufsverkehr.

Auf der Arbeit gehst du souverän und zielstrebig an den spöttischen Kollegen und dem wütenden Chef vorbei zu deinem Kunden und machst diesem höflich und glaubhaft klar, dass du dich ohne Verspätung nach der Arbeit mit einem plötzlich entstandenen Chaos hättest beschäftigen müssen, welches sich wesentlich effizienter direkt beseitigen ließ.

Der Kunde reagiert verständnisvoll und das Gespräch im Anschluss verläuft besser, als du vermutet hattest. Der Kunde lobt dich am Ende noch bei deinem Chef und dieser witzelt: „Vielleicht sollten Sie öfters zu spät kommen.“ Sie lachen zusammen und die spöttischen Kollegen sind baff.

Als du zuhause ankommst, unterhältst du dich mit deiner Freundin/deinem Freund über deinen ausgezeichneten Tag und kannst ihr/ihm helfen, besser mit ihrem/seinem Arbeitsstress zurechtzukommen. Ihr geht zusammen eine Runde spazieren und witzelt über deine spöttischen Kollegen und ihre/seine Probleme auf der Arbeit. Am nächsten Morgen plant ihr den Rahmen eures nächsten Urlaubs.

Beide Geschichten enthalten ein und dieselben Ereignisse:

- Du als Protagonist/-in stößt das Glas um.
- Damit verpasst du deine pünktliche Bahn und gerätst im Taxi in den Berufsverkehr.

- Du musst auf der Arbeit trotz Verspätung einen verärgerten Kunden zufriedenstellen.
- Als du zurückkommst, ist dein/-e Partner/-in von der Arbeit gestresst.

Das Bewusstsein stellt in unserem Kreislauf deine Persönlichkeit dar. Du bist mit deinen eigenen Handlungen, Gedanken und Reaktionen selbst für deine Zukunft verantwortlich.

Bei unserer Beispielgeschichte sendet der Körper in beiden Fällen Stresssignale aus, nachdem das Glas auf dem Boden zerbrochen ist. In beiden Beispielen gerätst du in eine Aneinanderreihung aus schlechten Ereignissen, welche in anderen Formen jedem von uns bekannt ist.

Im ersten Beispiel gehst du bewusst auf das Schlechte ein, indem du die Schuld an unvorhergesehen Ereignissen auf andere überträgst und so einen Sündenbock erschaffst. In diesem Fall deinen Partner oder deine Partnerin.

Dass du deinem Kunden gegenüber unprofessionell wirkst, hat weniger mit deiner Verspätung und mehr mit deinem gehetzten, abgelenkten Auftreten und deiner hektischen Einstellung zu tun. Die entstandene Stressblase, ausgelöst durch den Orangensaft, vergrößert sich und wird am Abend an der Freundin/dem Freund ausgeleert.

Dadurch multipliziert sich die Stressblase und manifestiert sich in einer wesentlich größeren, unangenehmeren: dem Streit.

Im zweiten Beispiel nutzt du deinen Intellekt direkt und lernst mal wieder, wie schlecht diese Stelle ist, um dort etwas zu platzieren. Anstatt dich über das nicht mehr Beeinflussbare aufzuregen, beeinflusst du das, was noch geht, und lässt das Unglück nicht noch größer werden. Der Fakt, dass du zu spät bist, ist jetzt unausweichlich, also musst du damit zurechtkommen.

Die Konversation mit dem Taxifahrer hat deine Stimme etwas geschmeidig werden lassen, also bist du davon überzeugt, dass du im Kundengespräch trotz Verspätung noch etwas retten kannst.

Als du die spöttischen Kollegen flüstern hörst, wirst du dadurch nur noch motivierter. Jetzt nimmt dein Kunde einen gut organisierten Menschen wahr, dem der Termin ohne Verspätung nicht möglich war. Du kommst nach Hause und bist durch das unerwartet gute Ergebnis so glücklich, dass du deine Partnerin/deinen Partner noch mit der guten Laune anstecken kannst.

DOPAMIN

Gehen wir einen Schritt weiter und sehen den Körper als Maschine des Bewusstseins. Quasi das materielle Manifest einer höheren Energie, welche sich nicht mit Worten beschreiben lässt.

Ein aufmerksames Bewusstsein wird lernen, mit seiner überlebensnotwendigen Maschine so gut wie möglich umzugehen. Im Folgenden werden die beiden Prinzipien hinter den zwei wichtigsten Aspekten des Körpers erklärt. Wie du in deinem Leben bestmöglich damit umgehst, kann ich als Autor nicht für dich entscheiden:

Dein Körper

Dein Körper leitet Eindrücke mithilfe von Neurotransmittern weiter. Diese Eindrücke werden vom Gehirn aufgenommen, welches wiederum eine angemessene Reaktion zurücksendet. Der Neurotransmitter Dopamin ist gerade für das Bewusstsein von großer Bedeutung. Dopamin ist auch als Botenstoff des Glücks bekannt, da dein Körper durch Dopamin dazu in der Lage ist, Glück zu empfinden. Nach diesem Prinzip ‚belohnt' der Körper das Bewusstsein beispielsweise bei Adrenalin-Kicks nach dem Sport.

Viel wichtiger aber wird Dopamin nach dem Erreichen langfristiger Ziele freigesetzt. Diese Art von Dopamin werde ich im Folgenden als qualitatives Dopamin bezeichnen.

Wenn du manchmal das Gefühl hast, im Leben nicht genug zu bekommen, oder dir oft alles bedeutungslos erscheint, mangelt es dir wahrscheinlich an qualitativem Dopamin. Aber beschäftigen wir uns zuerst mit seinem Gegenspieler:

Billiges Dopamin. Alkohol und andere Drogen veranschaulichen billiges Dopamin gut: Du trinkst Alkohol, dein Körper setzt Dopamin frei und du amüsierst dich einen Abend mit billiger Belohnung.

Der Kater, welchen man nach ausgiebigem Alkoholkonsum am Tag danach merkt, ist im Gegensatz zu anderen Quellen von billigem Dopamin fast schon ein Vorteil, da er dir die Folgen deines Tuns unverzüglich bewusst macht.

Andere Quellen von billigem Dopamin sind jede Art der schnellen Bedürfnisbefriedigung, was gerade in Zeiten des Internets ein großes Problem für viele junge Menschen darstellt.

Ich bitte dich: Erarbeite dir qualitatives Dopamin! Für dich und niemanden sonst. Durch eine bewusste ‚Jagd' nach qualitativem Dopamin kann jede Herausforderung sowohl im Alltag als auch in der privaten Beschäftigung zu einem Spaß werden.

Aber wie kommst du hinter das Geheimnis vom qualitativen Dopamin? Die Antwort ist leichter gesagt als getan: Beschäftigung, welche dir wirklich guttut.

Das kann prinzipiell viel sein. Sport wurde als Beispiel bereits genannt, jedoch gibt es noch wesentlich kreativere Optionen.

Ich möchte an dieser Stelle den Begriff ‚Arbeit' von der Erwerbstätigkeit trennen. Mit deiner Erwerbstätigkeit erwirbst du, beispielsweise durch Arbeit in einem Unternehmen, deinen Lebensunterhalt.

Arbeit ist dieser Definition nach nicht nur auf Arbeit in einem Angestelltenverhältnis mit dem Gehaltscheck als oberste Priorität bezogen. Arbeit ist die Beschäftigung an etwas Konstruktivem, primär, weil es **dich** interessiert, **dir** Spaß bringt und/oder **dich** in irgendeiner anderen Hinsicht weiterbringt.

Deine Erwerbstätigkeit kann ein Beruf als Kassierer/-in sein, während du privat an Modellflugzeugen, selbstgebrautem Bier oder (wie ich jetzt gerade) an einem Buch arbeitest.

Schütte mit deiner Arbeit bewusst qualitatives Dopamin aus.

500 PUSH-UPS

Die 500 Push-up Challenge ist eine einfache und für nahezu jeden umsetzbare Anleitung um qualitatives Dopamin auszuschütten:

Die Herausforderung besteht darin, innerhalb von 24 Stunden Zeit 500 Push-ups zu machen:

Ich fing voller anfänglicher Motivation mit 25er Sets an und war dadurch schnell mit meinen ersten 125 Push-ups fertig.

Urplötzlich brach ich während des nächsten Sets nach zwischen zehn und fünfzehn Push-ups zusammen. Damit kündigten sich die schwierigsten 170 Push-ups meines Lebens an.

Obwohl ich alles in allem nicht sonderlich sportlich war, ist mir von Anfang an klar gewesen, dass ich es schaffen kann. Ich wandte die nötige Disziplin an und machte weiter. Besagte 170 Stück habe ich in einem Zeitraum von ca. vier Stunden mit kleinen Sets von teilweise nur einem Push-up am Stück vollzählig bekommen.

Zwischen 295 und 390 Stück fielen mir die Push-ups wieder leichter. Sie waren zwar immer noch nicht leicht, aber auch nicht mehr schwer. Die Schmerzen im linken Handgelenk, welche mich ungefähr seit den ersten 75 Push-ups plagten, waren verschwunden.

Nach genau 390 Push-ups setzte gut spürbares, qualitatives Dopamin ein. Komplett selbst ist es so möglich, sich eine Art Rausch zu erarbeiten. Anschließend kam ich bis 470 und traf mich für zwei Stunden mit einem Kumpel. Nach dieser (bisher längsten) Pause zwischen zwei Sets machte ich zuerst fünfzehn, dann zehn und schließlich die letzten fünf Stück.

Insgesamt habe ich zwischen zwölf und dreizehn Stunden für meine 500-Push-up-Challenge benötigt. Um die Anzahl nochmal ins Verhältnis zu setzen: Ich bin 1,79 Meter groß, wiege ca. 70 Kilo und ging zu dieser Zeit alle zwei bis drei Wochen zum Ausdauertraining.

Da das letzte Training an diesem Sonntag drei Wochen her war und ich durch ein YouTube-Shorts-Video zufällig auf die Challenge kam, entschied ich mich an diesem Tag dafür die 500 Push-ups zu machen anstatt zum Sport zu fahren.

Voraussetzungen:

- Keine

Folgen:

- Drei Tage Muskelkater
- **Der Beweis an mich selbst, dass ich ohne weiteres zu vielem in der Lage bin**

Genau um diesen Beweis geht es bei der Arbeit für dich selbst! Du musst dafür natürlich nicht unbedingt 500 Push-ups machen. Du musst für solche Beweise an dich selbst auch nicht unbedingt zwölf Stunden Zeit investieren.

Gerade wenn du dir noch nicht viel zutraust, ist es gut, mit kleinen Herausforderungen im Alltag zu beginnen. Ich würde dir an dieser Stelle gerne ein Beispiel geben, aber es gibt zu viele.

Immer wenn sich bei einer Tätigkeit potenzieller Spaß und/oder eine nützliche Erfahrung für die Zukunft mit einer gewissen Herausforderung vereint, kannst du daraus ‚Arbeit' für dich selbst machen.

Anmerkung: Es ist meiner Ansicht nach sogar besser, die Arbeit für dich weniger auf Geld und mehr auf Spaß auszurichten. Wenn dir Geld wichtig ist, suche dir eine Beschäftigung, mit welcher du an einem späteren Punkt potenziell Geld verdienen kannst, und perfektioniere diese, bis du Geld für dein eigenes Erzeugnis/deine Dienstleistung ausgeben würdest.

ARBEIT FÜR SICH

„As you walk on the way,
the way appears."
Rumi

Schauen wir uns die Arbeitsleben drei verschiedener Figuren an:

1.

Kev war von Kind auf fasziniert von Maschinen aller Art, insbesondere aber LKWs. Da er sich schon früh für die Funktionsweise der Metallkolosse interessiert, machen ihm seine Eltern klar, dass er als Ingenieur selbst LKWs entwickeln kann.

Getrieben von diesem unermüdlichem Interesse, richtet er sein Leben darauf aus, ein guter Ingenieur zu sein. Er erreicht einen sehr guten Master in Maschinenbau und wird wenige Monate später von einem hochkarätigen Nutzfahrzeughersteller angeworben.

Kev arbeitet sein Leben lang gerne für dieses Unternehmen. Er verdient mehr als genügend Geld für sich sowie seine Familie und kommt nur sehr selten gestresst von der Arbeit. Er lebt ein glücklicheres Leben als viele andere.

Da es ihm ganz ohne Arbeit langweilig wird, bietet er in der Rente ein Mentoring für aufstrebende Ingenieure an.

2.

Natascha sieht es von klein auf nicht ein, für andere zu arbeiten. Deshalb sträubt sie sich, für die Lehrer in der Schule zu lernen, und schreibt demnach auch keine guten Noten. Sie tut das Nötigste und schafft es auf die Fachoberschule, wo sie aus Interesse den Fachbereich Informatik wählt.

Hier erfährt sie durch einen Klassenkameraden, dass viel Software zum Animieren kostenlos ist. Sie lädt aus Interesse ein kostenloses Programm herunter, welches einen leichten Einstieg ermöglichen soll.

Sie merkt schnell, dass es ihr leichtfällt, die Programme zu lernen. Sie entscheidet sich für eins und nimmt sich vor, eine Zeichentrickserie zu erschaffen.

Anfangs möchte sie nur besser im Animieren werden und steckt entsprechend viel Freizeit und Disziplin in den Prozess. Als sie nach eigener Bewertung gut genug ist, zeigt sie ihren Freundinnen das Resultat. Diese sind begeistert und empfehlen ihr fast alle, die fertigen Folgen zu veröffentlichen.

Das stärkt ihre Moral und sie beginnt zu versuchen, Kontakte in der Unterhaltungsindustrie zu knüpfen. Es dauert lange Jahre, in welchen sie drei Tage die Woche als Kassiererin arbeitet und ihre restliche Freizeit abgesehen von dem, was sie für Grundbedürfnisse und notwendige Tätigkeiten benötigt, in ihre ganz eigene Arbeit steckt.

Eines Tages lernt sie durch Zufall einen sympathischen Mann in einer Bar kennen. Da sich Natascha und der Mann gut verstehen, erwähnt der Mann beim zweiten Treffen einen guten Kumpel im Showbusiness.

Zwar kommt Nataschas Serie bei der Öffentlichkeit nur mittelmäßig an, spielt aber trotzdem genügend Geld ein, um für Nataschas und das Leben ihres neuen Partners auszusorgen.

3.

Lily entdeckt schon früh ihre Passion für das Helfen. Sie entscheidet sich deshalb für eine Ausbildung zur Krankenpflegerin. Sie ist sich des Guten, was sie mit ihrer Arbeit tut, bewusst. An den meisten Tagen hat sie Spaß daran und arbeitet entsprechend gut.

Nach der Ausbildung ist es ihr so möglich, ein ansehnliches Einstiegsgehalt zu verhandeln, und kann, da sie wenig Geld für sich benötigt, jeden Monat ein paar Hundert Euro zurücklegen, welche sie bei gutem Kurs in materiellem Gold anlegt.

Als sie mit Mitte 30 müde von der Arbeit für ein Unternehmen wird, informiert sie sich über eine Selbstständigkeit als Haushälterin.

Mit 40 bricht sie einen Teil ihrer Goldreserve an und macht sich als Pflegerin selbstständig. Nach fast fünf Jahren hat sie sich ihren Traum ermöglicht, ihre Arbeitszeit selbst festlegen zu können.

Sie stirbt mit 49 bei einem schweren Autounfall.

Obwohl Lilys Leben das kürzeste war, war es das wohltätigste. Aufgrund dieses Fakts wahrscheinlich auch das glücklichste.

Alle drei Leben haben eine Eigenschaft gemeinsam: Die Hauptfigur fand ihre lebenslange Passion vor Ende der Schulzeit. Natürlich gibt es auch im echten Leben genügend Menschen, bei welchen das der Fall ist.

Ich weiß nicht, an welchem Punkt deines Lebens du dich befindest, kann dir aber nur von ganzem Herzen raten, dir ernsthaft darüber Gedanken zu machen, ob du genügend qualitatives Dopamin durch Arbeit aus Passion bekommst.

Sport ist zwar auch Arbeit für dich, füllt allerdings eine andere Lücke und ist für mein Beispiel deshalb außen vor.

Falls du jetzt keine Ahnung mehr hast, wie du dein qualitatives Dopamin ausschütten könntest, keine Sorge.

Wir sehen den Körper nach wie vor als Maschine. Das Gehirn symbolisiert deinen Zugang und kann genau wie deine Muskeln durch Ernährung beeinflusst und durch Training verbessert werden.

„Aber Philip, wie soll ich denn mein Gehirn trainieren?“

Die Antwort ist leicht: neue Herausforderungen.

JEDE neue Herausforderung führt unmittelbar zu Training vom Gehirn.

Ob du die Herausforderung meisterst oder nicht: Dein Gehirn lernt.

Ein gut geeigneter Anfang für den Alltag ist es, sich beispielsweise durch ein Post-it am Spiegel daran zu erinnern, beim Zähneputzen die Hand zu wechseln. Rechtshänder haben hierbei i. d. R. die größere Herausforderung, können daraus verhältnismäßig aber auch einen größeren Vorteil ziehen.

Sich die Zähne mit beiden Händen zu putzen bietet, sofern es wirklich regelmäßig gemacht wird, einen weiteren Vorteil:

Das Gehirn ist dabei gezwungen, seine beiden Hälften besser zu vernetzen. Es wird schneller.

Ein schnelleres Gehirn zieht einen besseren Zugang zum Körper für das Bewusstsein mit sich. Durch diesen besseren Zugang ist dein Bewusstsein dazu fähig, Eindrücke schneller zu verarbeiten. Je achtsamer du wirst, desto leichter fällt es dir, im Alltag einen ruhigen Kopf zu behalten.

Wenn du das Bedürfnis hast, an deinem Verhalten etwas zu verändern, empfehle ich dir, dich mit Meditation auseinanderzusetzen.

LESEN

Lesen ist die mit Abstand beste Methode, um sich Wissen anzueignen. Gute Autoren halten mit ihrer Arbeit ‚reinen' Intellekt auf die eigene Art und Weise fest.

Leider wird ein gutes Buch in der heutigen Gesellschaft viel zu häufig durch Streamingdienste, Videospiele, Social Media oder irgendeine andere der zahlreichen weiteren Quellen für schnelle Bedürfnisbefriedigung der modernen Welt ersetzt.

Bücher hängen unmittelbar mit Wissen, Gehirntraining und vor allem auch mit qualitativem Dopamin zusammen, wenn das neue Wissen auf dem eigenen Weg angewandt wird.

Sachbücher, Fachbücher und Ratgeber ermöglichen dir einen Einblick in Sichtweisen und Angewohnheiten anderer. So kannst du dir mit Wissen anderer ein Fundament aneignen, auf Basis dessen du dein Handeln aufbauen kannst. **Mit den in einem guten Buch festgehaltenen Ratschlägen und Tipps kannst du direkt qualitative Intelligenz bilden.**

Zeit ist sehr wertvoll und es ist durchaus berechtigt, ein Buch nicht bis zum Ende zu lesen, weil du schon am Anfang erkennst, dass der Themenbereich des Buches nicht der richtige ist, oder die Art des Autors, sein Wissen zu vermitteln, einfach nicht passt.

Wichtig ist es jedoch, dranzubleiben. Ein Buch, welches dich wirklich interessiert, kann auch durch ein zu diesem Moment wichtigeres Buch ersetzt und zu einem späteren Zeitpunkt weitergelesen werden.

DEIN FUNDAMENT

Wenn du Fachbücher zu Themen liest, welche dich wirklich interessieren, entwickelt bzw. stärkt sich dein Wissensfundament in diesem Bereich.

Dunkle Bereiche stellen Fachwissen dar. Je dunkler der Bereich, desto ausgeprägter – fundamentaler – das Wissen in einem Bereich oder die Erfahrung bei einer Tätigkeit.

Um das Prinzip mithilfe von Zahlen zu vermitteln:
Ein Buch, welches bis zum Ende gelesen wurde, verdunkelt einen Themenbereich um 5 %.

Diese Zahl wird, je nach Qualität des Wissens, mit bis zu zehn multipliziert.

Um auf einem Themenbereich (halbwegs) fundiert ins Machen zu kommen, benötigst du mindestens 33 % Tönung auf dem zugehörigen Quadrat. Wenn du ein für deine Situation perfektes Buch findest, kannst also bei Themengebieten, auf welchen du vorher 0 % Wissen hattest, nach ungefähr 67 % des Buches ins Machen kommen.

Im echten Leben sind solche Bücher zwar sehr selten, aber vorhanden. Du findest sie oft durch Empfehlungen anderer, wenn du dich mit ihnen über Bücher unterhältst. Wenn du viele Bücher gelesen oder auch nur angelesen hast, entwickelt sich mit der Zeit von ganz allein eine Art Gespür für Bücher, welche gut für dich sind.

Zwischen deinem körperlichen und deinem mentalen Fundament befindet sich die Persönlichkeit:

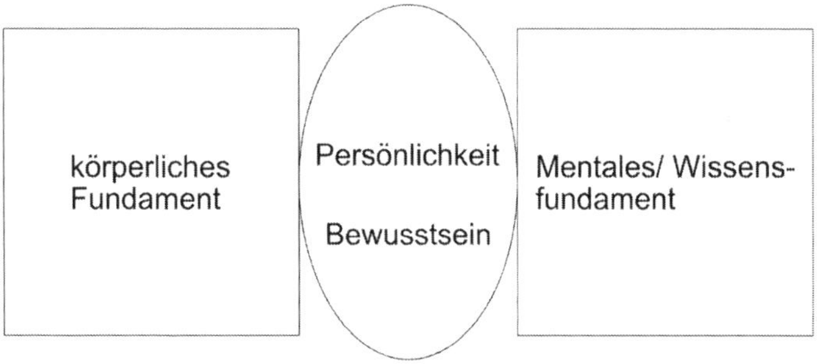

Deine Persönlichkeit ist das, was du gegenüber anderen ausdrückst. Sie entwickelt sich aus Emotionen und wird durch Worte und Taten ausgedrückt.

Kleinkinder drücken in Gesprächen ihre ehrliche Persönlichkeit aus, weil sie noch nicht auf genug ihres Intellekts Zugriff haben, um zu lügen.

Erst wenn das Bewusstsein anfängt, sich zu entwickeln und dazu in der Lage ist, mögliche Vorteile in Lügen für den Körper oder die Persönlichkeit zu erkennen, fangen Kleinkinder an zu lügen.

MACHEN

„Wer nicht weiß, wohin er will,
der darf sich nicht wundern,
wenn er ganz woanders ankommt.“
Mark Twain

Wenn du nicht weißt, was du für dich wirklich willst, und auch keinen Plan hast, in welche Richtung es gehen soll, brauchst du dir keinen Stress machen. Du selbst bist in der Lage deinen Weg zu erschaffen.

Falls du das nicht sowieso schon tust, achte auf deine Gedanken. Indem du auf deine Gedanken achtest, kannst du in dir einen Traum finden, welcher dir den Antrieb für ein gutes Leben gibt.

Fang an, indem du eigene Gedanken, welche für dich in irgendeiner Hinsicht interessant sind, irgendwo notierst. Ich empfehle einen Schreibblock für zuhause und einen Chat für Notizen, welcher bei dem Messenger deiner Wahl direkt als Oberstes angepinnt ist.

Den Schreibblock habe ich für den Anfang auf dem Nachttisch platziert, da mir interessante Gedanken oft beim Einschlafen kommen. Die Anzeige meines Radioweckers spendet im Dunkeln genügend Licht, um ein paar Worte auf Papier zu bringen. Inzwischen habe ich für jede der drei Stellen meines Zimmers, an welchen ich kreativ bin, einen eigenen Schreibblock.

Bei Gelegenheit lese ich mir das Geschriebene durch und komme so an Inspiration für meine Arbeit.

Wenn du achtsam gegenüber den eigenen Gedanken bist, indem du wichtige notierst, kristallisieren sich mit der Zeit mögliche Themen heraus. Das Internet bietet dir eine gute Möglichkeit, dich über das Thema zu informieren bzw. dein schon vorhandenes Wissen zu festigen.

Es ist wichtig, im Internet gelesenes auf Glaubwürdigkeit zu überprüfen!

Falls du nach diesen ersten Nachforschungen schon mit etwas anfangen kannst, tu es, um diese Beschäftigung auszuprobieren.

Bei vielen Tätigkeiten kommt man mit der Zeit an einen Punkt, an welchem das Vorwissen und das flüchtige Wissen aus dem Internet nicht mehr ausreichen, um Verbesserung zu erreichen. Wenn dich die Arbeit dann immer noch fesselt, bist du auf einem guten Weg.

Es gibt zu jedem Thema gut komprimiertes Wissen in Form von (Online-)Kursen, Büchern und vielen anderen Formen, bei offiziell anerkannten Berufen auch Studiengänge und Berufsausbildungen. Das Schwierige ist nicht, an Wissen zu kommen, sondern gutes von schlechtem Wissen zu unterscheiden.

Leider ist es nicht möglich, beispielsweise das Wissen aus einem Buch auf Basis von Onlinebewertungen auf die eigene Situation zu beziehen. Wenn du also eine Quelle von schlechtem Wissen gefunden hast, ist das normal. Es passiert jedem Mal. Mache dir also keine Sorgen und suche weiter nach gutem Wissen, es kommt sicher.

Schlechtes Wissen wird vom Urheber mit dem Hauptziel, Geld zu verdienen, verbreitet. Es wird manchmal gut beworben, ist seine Zeit aber schlichtweg nicht wert. Schlechtes Wissen vermittelt nichts anspruchsvolles. Bezahlte Onlinekurse die Wissen vermitteln, welches du auf YouTube kostenlos findest, sind gute Beispiele.

Gutes Wissen wird vom Urheber mit einem bildenden Ziel verbreitet. Urheber wollen dich mit qualitativem Wissen (wie in diesem Fall) weiterbringen, ähnlich wie ein guter Lehrer/Dozent seine Schüler/-innen bestmöglich auf eine Prüfung vorbereitet. Gute Beispiele sind schulische Ausbildungen und Studiengänge, da hier Wissen unparteiisch und zugunsten der lernenden Individuen vermittelt wird.

Du kannst nur durch ausprobieren herausfinden, welches Wissen für dich gut und schlecht ist. *Nur du kannst lernen, was in deiner Situation gutes oder schlechtes Wissen ist.*

Wenn du dir einen Onlinekurs kaufst und danach erkennst, dass es das vermittelte Wissen auch kostenlos gibt, ist diese Erkenntnis wiederum gutes Wissen.

Bei deiner Arbeit für dich suchst du nach einer Beschäftigung, bei welcher du die Zeit vergisst, um abseits vom Alltag gemütlich und ganz allein für dich zu arbeiten.

INTELLEKT & INTELLIGENZ

Der Intellekt und die Intelligenz hängen eng zusammen. Ich gehe in diesem Kapitel auf das Zusammenspiel der beiden ein.

Ich erkläre beide nochmal anschaulich in eigenen Worten: Der Intellekt ist das, was bei einem Computer Arbeitsspeicher und Festplatte sind. Man kann ihn als naturgegeben, gottgegeben oder auch nur als Zufall in der Evolution bezeichnen. Sicher ist, dass jeder Mensch Zugriff auf ihn hat.

Die Intelligenz kommt bei einem Computer dem Prozessor nahe, sie ist Fähigkeit, den Intellekt gut zu benutzen. Deine Intelligenz ist nicht gleich der anderer Menschen, sondern wurde im Laufe deines Lebens von Erfahrungen gebildet. Das Ergebnis ist deine persönliche Intelligenz.

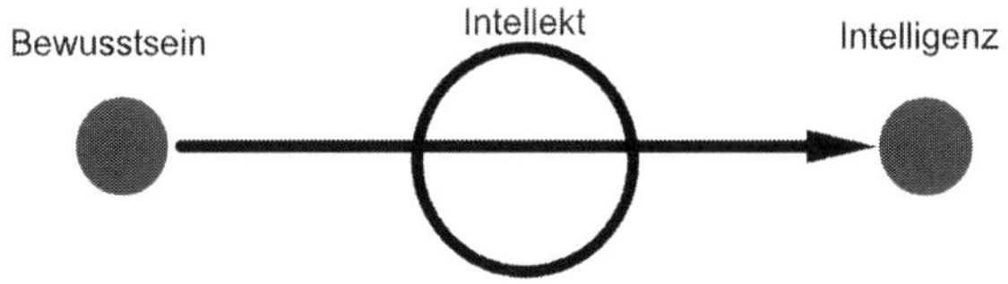

Das Bewusstsein entwickelt die persönliche Intelligenz durch den Intellekt, welcher prinzipiell für alle gleiche Möglichkeiten bereithält.

Wie wir bereits wissen, ist der Intellekt zu dem Zeitpunkt, an welchem das bewusste Leben einsetzt, nach wie vor neutral. Körper und Bewusstsein teilen sich den Intellekt, der jeweils Stärkere der beiden kann ihn für sich verwenden.

Ein Beispiel

Das Leben der folgenden Figur verdeutlicht, was passieren kann, wenn der Körper den Intellekt kontrolliert:

Chris spielt gerne bis tief in die Nacht Videospiele (billiges Dopamin). Wenn er am nächsten Tag in die Schule kommt, ist er müde und unkonzentriert.
Seine Mutter betont immer wieder, wie wichtig genügend Schlaf für den Menschen ist, was ihn aber nicht interessiert. An den Wochenenden trifft sich Chris mit seinen Freunden, um zu trinken und zu kiffen (billiges Dopamin).

Als er mit 19 Jahren eine Lehre zum Anlagenmechatroniker anfängt, ist sein ursprünglicher Traum, ein eigenes Indie-Game zu programmieren, längst im Alltag verschwunden.

Weil er seine Erwerbstätigkeit nicht ausstehen kann und dort wirklich nur des Geldes wegen hingeht, sind die Höhepunkte seines 26-jährigen Lebens das billige Dopamin an den Wochenenden und die seltene Gesellschaft einer flüchtigen Affäre.

Vor ca. zwei Jahren hat er mit seinen Freunden angefangen, auch härtere Drogen zu nehmen. Mit 27 kommt er durch seine flüchtige Affäre auf Heroin und wird sehr schnell abhängig.

Das Opiat ist jetzt tief in seinen physiologischen Bedürfnissen verankert und er wird die Intelligenz eines Abhängigen bilden. Da sich seine Freunde von ihm abwenden, verbringt er mehr Zeit mit seiner Affäre und die beiden werden ein Paar.

Mit 29 Jahren ist er auf dieser Abwärtsspirale bald ganz unten angekommen. Seine Freunde haben sich von ihm abgewendet und er hat keine Erwerbstätigkeit mehr. Das Bewusstsein ist verkümmert und der Körper kann den Intellekt für Beschaffungskriminalität nutzen.

Mit 32 Jahren trennt sich seine Freundin von ihm, weil sie die ständigen Schuldzuweisungen nicht mehr aushält. Da Chris nie gelernt hat, Verantwortung für das eigene Handeln zu übernehmen, gibt er ihr die Schuld an seinem Konsum und der entstandenen Abhängigkeit.

Nachdem Chris im Winter des gleichen Jahres erfriert, erfahren seine Eltern erst zwei Wochen später von seinem Tod. Der Chris, den sie kannten, war schon vor Jahren gestorben.

Chris wurde als verlorenes Bewusstsein von dem Leid eines sinnlosen Lebens in einem zerbrechenden Körper erlöst.

Werfen wir nochmal einen Blick auf das Leben von ein und derselben Figur und gehen davon aus, sie hätte ein starkes Bewusstsein:

Chris spielt gerne bis tief in die Nacht Videospiele (billiges Dopamin). Er ist in der Schule zwar unkonzentriert und erbringt keine besonders guten Leistungen, aber sieht seinen Traum, ein Indie-Game zu programmieren, trotz Spott seiner Freunde als erreichbar und bildet seine Intelligenz daher in diese Richtung.

Er belegt einen grundlegenden Onlinekurs zu dem Thema und eignet sich das restliche nötige Wissen durch YouTube-Videos und Herumprobieren an.

Mit 19 Jahren hat er ein zweidimensionales Indie-Game veröffentlicht (qualitatives Dopamin), mit welchem er gerade genügend Geld verdient, dass es reicht, um sich über Wasser zu halten. Er gerät ein halbes Jahr später auf einer Messe für Videospiele an ein Publisher-Start-up und wird eingestellt. Jetzt arbeitet er mit einem Team Gleichgesinnter an einem gemeinsamen Ziel. Die anständige Bezahlung bei dieser Arbeit ist ihm natürlich auch wichtig, aber er hat nicht das Gefühl, nur für das Geld auf die Arbeit zu gehen (qualitatives Dopamin).

Mit 23 Jahren heiratet Chris seine Traumfrau. Da er sich keine Sorgen um Geld machen muss, können die beiden viel zusammen verreisen.

Als er mit 27 Jahren an Krebs erkrankt, bekommt er im Krankenhaus viel Besuch von seiner Frau, Arbeitskollegen, Freunden und natürlich auch von seiner Familie.
Als er mit 32 Jahren stirbt, hat er ein kurzes, aber glückliches Leben gelebt. Der inzwischen mittelständige Publisher lässt seiner Frau als Witwenrente monatlich einen kleinen Teil der Gewinne aus seinen Videospielen zukommen. Obwohl er nicht alt wurde, sorgte er für seine Liebsten aus.

Um Chris wird nach diesem Leben auch Jahre später noch getrauert.
Die zweite Figur richtete ihren Fokus bewusst auf qualitatives Dopamin aus.

Der ersten Figur fehlt es an qualitativem Dopamin. Im Gegensatz zur zweiten geht sie ihrer Passion nicht nach und vertreibt ihre Zeit weltverloren mit billigem Dopamin. Das Bewusstsein prägt die Fähigkeit, Verantwortung zu übernehmen, nicht aus und bleibt als verlorene Seele in einer instinktiv handelnden körperlichen Hülse zurück.

SPASS AN DER ARBEIT

Kurz und knapp:
Wir wissen, dass Dopamin auch als Neurotransmitter des Glücks bekannt ist und demnach an jedem Ereignis, bei welchem wir Glück verspüren, unweigerlich beteiligt ist.

Wenn du also Spaß an einer Arbeit hast, ist der Spaß daraus **immer** qualitativ. Das kann selbstständige Arbeit, aber auch Arbeit für Unternehmen sein. Beides bietet gewisse Vorteile, auf welche ich weiter unten kurz eingehe.

Die Zugangskriterien zu einer Arbeit sind Bildung und/oder Geld. Die Geschichte der folgenden Figur verdeutlicht, was ich meine:

Franks Erwerbstätigkeit ist Büroarbeit für ein Möbelhaus in seinem Wohnort. Die Arbeit macht zwar nur selten Spaß, stresst ihn üblicherweise aber auch nicht.

Er hat sich vor kurzem von seiner Exfreundin getrennt und sucht nach einer Beschäftigung, um die Zeit alleine erträglicher zu machen.

Da er sich schon lange für mechanische Armbanduhren interessiert, beschließt er deshalb, sich ein Fachbuch über die Funktionsweise der kleinen Maschinen zu kaufen.

Die Arbeit daran interessiert ihn zwar, aber er kann sich die notwendigen Maschinen nicht leisten. Nachdem er ein paar Tage beschäftigungslos zum Überlegen gezwungen war, informiert er sich über den Aufbau einer batteriebetriebenen Quarzuhr.

Da es wesentlich leichter ist, eine Quarzuhr zu restaurieren, beginnt er in seiner Freizeit nach schönen Armbanduhren zu suchen, welche er anschließend restauriert und für ein wenig Gewinn an Juweliere oder Freunde und Bekannte weiterverkauft.

Der Zugang zum Uhrmacherhandwerk für ein Unternehmen als Erwerbstätigkeit ist eine abgeschlossene Ausbildung in diesem Bereich.

Da Frank auf seine Erwerbstätigkeit angewiesen ist, kann er sich nicht zum Uhrmacher ausbilden lassen, und eignet sich mit Büchern selbst genügend Wissen an, um die Voraussetzungen für die Restauration einer mechanischen Armbanduhr zu kennen.

Da ihm der Zugang zu diesem Aspekt des Uhrmachens zu teuer und zu zeitaufwendig ist, überlegt er in diesem Bereich weiter. Er kommt durch eigenes Fachwissen schnell darauf, dass Quarzuhren in der Wartung (wesentlich) unkomplizierter sind, und lernt aus Interesse, die Quarzwerke in Armbanduhren auszutauschen.

Damit hat er eine Beschäftigung gefunden, welche sein ursprünglich entstandenes Loch gut füllt. Als er zwei Jahre später eine neue Freundin trifft, sind viele der Unsicherheiten, welche seine vorherigen Beziehungen zu Bruch brachten, verschwunden.

Schulische Bildung wie abgeschlossene Berufsausbildungen und Studiengänge stellen die traditionelle Form von Wissen als Zugangsbeschränkung dar.

Beispielsweise schließt eine Stellenanzeige, welche ausdrücklich nach einem gelernten Sanitär- und Heizungsmechaniker verlangt, alle, die keine abgeschlossene Berufsausbildung in diesem Bereich haben, von vornherein aus. Vor allem gelernte Fachkräfte aus dem Ausland haben es aufgrund dessen schwierig in Deutschland.

Schulische Bildung wird in der Regel verwendet, um für Unternehmen zu arbeiten. Der Abschluss zeugt von Fachwissen in einem Bereich und ermöglicht so den Zugang zu Unternehmen, welche in dieser Branche aktiv sind.

Aus Eigeninitiative angeeignete Bildung ist gerade bei selbstständiger Arbeit von Bedeutung:

Bevor ich „Ein Macher sein“ verfasste, schrieb ich ein Manuskript, welches ich „Prinzipien“ getauft hatte. Ich geriet beim Schreiben von „Prinzipien“ ins Stocken und entschied mich deshalb, mir einen Ratgeber zum Buchschreiben zu kaufen.

Glücklicherweise erwischte ich instinktiv einen guten Ratgeber und machte mich ans Lesen. Mir wurde rasch bewusst, dass ich für „Prinzipien“ keinerlei System angewandt hatte und ALLES umschreiben musste.

Da mein Selbstbewusstsein zu dieser Zeit kein weiteres liegengelassenes Projekt wahrhaben wollte, spürte ich den Drang dazu, meine Prinzipien trotzdem zu einem Ende zu bringen.

Neben meiner Berufsausbildung mit drei Arbeits- und zwei Berufsschultagen wöchentlich, brachte ich mich in meiner Freizeit neben den Haushaltsarbeiten (welche häufig zu kurz kamen) bei jeder Gelegenheit dazu, das Werk fertigzustellen.

Was dabei rauskam, war ein Klumpen an auf nicht nachvollziehbare Weise ineinander verstricktem Wissen, welcher sich zwar gut las, für eine Veröffentlichung allerdings viel zu chaotisch aufgebaut war.

Um mich dem Traum von einem eigenen Buch schonmal etwas näher zu bringen, ließ ich „Prinzipien“ bei einer Druckerei in meiner Nähe fünfmal als erste Ausgabe drucken.

Das Buch, welches du gerade liest, ist ein Ergebnis von angewandtem, selbst angeeignetem Wissen aus vielen verschiedenen Büchern und anderen Quellen. Die unzähligen Schreibübungen waren eine Arbeit für mich. Die zwei Manuskripte waren Arbeit für mich. Über das Buch, welches du gerade liest, werde ich mich mein Leben lang erfreuen.

Die, ich nenne es mal: Motivationskurve bei diesem Vorgang war prinzipiell ähnlich wie die, welche wir von der 500-Pushup-Challenge kennen:

Die anfängliche Motivation war nach ungefähr 70 geschriebenen Seiten ausgebrannt und mir gingen langsam die Themen aus. Ich trieb mich dennoch dazu an, weiterzuschreiben, und stellte das 114-seitige Werk schließlich fertig.

Ich beschäftigte mich unter Rücksichtnahme des Ratgebers mit einer groben Gliederung für die neue Ausgabe und machte mich an die Arbeit.

Zu meiner Enttäuschung entstanden dabei keine guten Texte. Auch die Vorarbeit auf Basis von „Prinzipien" konnte mir nicht helfen und so driftete ich ab. Obwohl ich mich in der folgenden Zeit mit anderen Sachen beschäftigt hielt, blieb ich in Gedanken bei meinem Manuskript. (Gedanken über mögliche weitere Themen, Stilmittel usw.)

Zwischen einem und zwei Monaten später überkam mich plötzlich eine Idee für einen möglichen Anfang, welche mich direkt packte. Ich notierte den groben Rahmen in meinem WhatsApp-Chat für Notizen und machte mich zuhause direkt an die Arbeit.

Inzwischen schreibe ich nur noch für qualitatives Dopamin bzw. Spaß. Ich brauche nur noch wenige andere Beschäftigungen und investiere an einem freien Tag gerne mal bis zu sieben Stunden in meine Arbeit.

Ich kann mir aktuell kein besseres Leben für mich vorstellen.

Falls du dir gerade etwas Ähnliches wie „So eine Arbeit hätte ich auch gerne." gedacht hast, dürfte es ab jetzt in deinem eigenen Interesse liegen, diese Passion für dich zu finden.;)

Ich wünsche mir von ganzem Herzen, dass du eine Arbeit findest, welche dich ebenso erfüllt. Nicht weil ich dir etwas vorschreiben möchte, einfach weil ich mir sicher bin, dass du dir ein ebenso glückliches Leben erschaffen kannst, wie ich es gerade erleben darf.

Was mich an der Arbeit für mich schon immer gereizt hat, ist, dass ich dazu in der Lage bin, mich abseits von den Vorstellungen anderer Menschen zu verbessern.

Wenn du dir Ziele nur für dein Gemüt setzt und versuchst, diese zu erreichen, bestimmst einzig und alleine du dein Spielfeld.

Es tut dem Gemüt meiner Beobachtung nach sogar gut, dir bei Unbedeutsamkeiten des Alltags kleine Ziele zu setzen, da du auf diese Weise gut lernen kannst, auf dich selbst zu vertrauen.

Ich empfehle dir für den Anfang nur wenige, zwei zum Beispiel. Bleiben wir für unsere nächste Geschichte also bei zwei:

Lisa hat von einem guten Freund mitbekommen, dass dieser angefangen hat, sich kleine Ziele für den Alltag zu setzen. Er erzählt ihr, dass er versucht, jeden Tag mindestens eine gute Sache, egal von welcher Größe, zu tun.

„Gestern im Supermarkt haben der Dame vor mir 20 Cent gefehlt. Weil ich meinen Geldbeutel schon in der Hand hatte, habe ich ihr das Geld geschenkt. Sie war glücklich und hat sich tausendmal bedankt, was mir die 20 Cent allemal wert war."

Das bleibt Lisa im Kopf und ein paar Wochen später fallen ihr im Alltag plötzlich öfters Gelegenheiten auf, zu welchen sie mit wenig Aufwand anderen Menschen große Freuden machen könnte.

Eigentlich hatte sie in einem Buch über das große Potential, welches man in sich freisetzen kann, wenn man Gedanken aufschreibt, erfahren und hatte es sich zum Ziel gemacht, jeden Abend den wichtigsten Gedanken des Tages aufzuschreiben. Dieser Vorsatz klappte öfter nicht, als er es tat, und sie fing an, den im Buch so leicht und selbstverständlich dargestellten Prozess anzuzweifeln.

Sie beschloss, das Gedankenaufschreiben sein zu lassen, und machte es zu ihrem neuen Ziel, ebenfalls mindestens eine gute Tat am Tag zu tun.

Es klappte echt gut. Natürlich gab es oft auch Tage, an welchen sie keine Gelegenheit fand. Zum Ausgleich entfernt sie sich von der ursprünglichen Idee, gute Taten als Ziel zu sehen, und tut in ihrem Alltag einfach zu jeder Gelegenheit Gutes. Sie übernimmt sich dabei nicht, da sie selbst entscheidet, welche Kriterien ein Ereignis erfüllen muss, um sie zur Tat zu bewegen.

Da sich ihr ursprüngliches Ziel nach mehreren Monaten zu einer Selbstverständlichkeit bzw. Gewohnheit entwickelt hat, gibt sie dem Aufschreiben nochmal eine Chance.

Diesmal funktioniert es erstaunlich schnell und sie entdeckt in sich drei Wochen später ein Interesse für vegane Ernährung.

Sie informiert sich viel über das Thema Ernährung generell und ihr wird bewusst, wie weitreichend das Thema in der heutigen Gesellschaft eigentlich ist.

Ihre Arbeit für sich ist veganes Kochen. Sie weiß, wie wichtig eine gute Ernährung für den Menschen ist, und festigt ihr Wissen in Form von Kriterien, anhand welcher sie ihre Gerichte bewertet.

Da ihr die meisten Männer zu wenig Persönlichkeit haben, hat sie sich fürs Erste bewusst für ein Leben alleine entschieden. Die zusätzliche Zeit, welche sie so hat, nutzt sie, indem sie online einen halbwegs gut besuchten Blog zu Bewertungskriterien für gutes Essen führt.

Ihre schulische Bildung als gelernte Steuerfachangestellte erfüllt die Kriterien für Arbeit in der Branche leider nicht, jedoch gehen ihr die ständig lästernden Kollegen und Kolleginnen sehr auf die Nerven.

Oft überträgt sich dieser Stress auch auf sie. Sie nimmt wahr, dass sie an stressigen Tagen nicht so viel, manchmal auch gar keine Zeit für ihre Passion findet, und kommt nach zwei Jahren beim Browsen auf eine Stellenanzeige eines Unternehmens, welches sie in ihrem Blog häufig für die Qualität der Zutaten lobt.

Fast schon instinktiv fügt sie rasant ihre Bewerbungsunterlagen zusammen und macht in ihrer Bewerbung mithilfe des Blogs ausdrücklich auf ihre Passion aufmerksam.

Sie wird eingestellt und fühlt sich bei der neuen Erwerbstätigkeit schnell sehr wohl. Es gibt auch hier lästernde Kollegen/Kolleginnen. Was für Lisa den Unterschied macht, ist die Tätigkeit. Jetzt, wo sie im Vertrieb eines Unternehmens, mit welchem sie sich vor der Einstellung schon identifizieren konnte, ist, geht sie gerne bis zur Rente arbeiten.

Nach drei Jahren Arbeit für das Unternehmen lernt sie auf einer externen Schulung einen Mann kennen, welcher ihre Passion teilt. Die beiden verstehen sich schnell und heiraten zwei Jahre später.

Lisa hat erkannt, dass sie sich jede Form von Wissen selbst aneignen und durch bewussten Fokus auf das Thema mit Erzeugnissen aus eigener Arbeit (ihr Blog) von ihrer Fachkunde überzeugen kann.

Wir wissen bereits, dass wir unsere Gedanken durch Achtsamkeit und Notieren beobachten können, umso auf neue Ideen für eigene Arbeit zu kommen, welche gut für uns sein könnte. Neues Wissen ermöglicht einen Einblick in mögliche Themengebiete. Im Folgenden ist mein Leitfaden erklärt, welchen du auch für dich verwenden kannst:

Ich sehe etwas Interessantes

Das kann prinzipiell alles sein und es kann überall passieren. Wenn ich im Bus sitze und auf einem Werbeplakat ein neues Buch beworben wird, welches mir bewusst auffällt und interessant erscheint, schaue ich, was es bei Google zu dem Thema zu lesen gibt. Damit gehen wir fließend in unseren nächsten Schritt über:

Ich informiere mich im Internet

Genau wie ein Werbeplakat ist es der Sinn vieler Websites, dich zum Kauf eines Produktes zu bewegen. Ich weiß aus eigener Erfahrung, dass die Werbung in der heutigen Konsumgesellschaft teilweise sehr gut zu vorschnellen Kaufentscheidungen anregt. Sieh es also nicht als schlimm an, wenn du etwas kaufst, was du nicht benötigst, versuche aber, nicht nach Produkten, sondern primär nach gutem Wissen zu suchen. Das Internet bietet unheimlich viel Wissen, größtenteils natürlich auch schlechtes Wissen mit dem Ziel, Geld zu verdienen, keine Frage. Dennoch gibt es gutes Wissen im Internet. Mit der Zeit bekommst du ein Gespür, welches Wissen relevant für dich sein könnte.

Nachhaltigkeit ist zwar nicht Thema des Kapitels, ich möchte aufgrund der aktuellen Problematik bei dieser Gelegenheit aber trotzdem darauf eingehen:

Vorschnelle Käufe lösen im Gehirn eine schnelle Bedürfnisbefriedigung aus und sind demnach bei billigem Dopamin einzuordnen. Wenn du dir zum Beispiel häufig vorschnell billige Klamotten kaufst, beeinflusst du damit die Leben von Menschen auf ganz anderen Orten dieser Welt auf Arten, welche dich, wenn man dich von heute auf morgen in eine solche Situation bringen würde, kaputt machen würden. Gemeint ist hier natürlich moralisch verwerfliche Ausbeutung anderer Länder, nicht nur durch die Textilindustrie.

Wenn du seltener Klamotten kaufst, aber dabei auf Qualität achtest, halten diese länger, können nach dem Aussortieren häufig noch benutzt werden und produzieren im Eingang damit wesentlich weniger Müll nach der Entsorgung, weniger Emissionen bei Produktion und Verkauf.

Wenn du dir also einmal alle fünf Jahre einen Pullover kaufst, welchen du (mindestens) fünf Jahre anziehen kannst, hast du verhältnismäßig weniger Anteil am Leid der Arbeiter als jemand, der beim gleichen Produzenten fünf Jahre lang einen Pullover, welcher maximal zwei Jahre hält, pro Jahr kauft.

Firmen, welche mit Verwerflichkeiten und dem einhergehenden Leid anderer Geld verdienen, sind auf **dich** als zahlenden Kunden angewiesen. Wenn du dir deiner Werte bewusst bist, merkst du, an welchen Stellen du diese Unterstützung reduzieren oder sogar komplett einstellen kannst.

Damit weiter im ursprünglichen Thema:

Ich schaue mich nach Büchern zu dem Thema um

Wenn ich kein Buch von jemand anderem empfohlen bekomme, kaufe ich das, welches mir den besten Eindruck macht.

An manchen Themen verging mir während dieses Prozesses früher oder später, **vor dem Handeln**, die Lust. So sortieren sich für dich uninteressante Themen, bevor du unnötige Zeit ins Handeln investierst, aus.

Wir erinnern uns an die Darstellung des eigenen Fundaments.

Wenn du dir das eigene Fundament bewusst machst, beziehe so viel Wissen mit ein, wie du dir bewusst machen kannst. Ich bringe dir das Konzept deines sich entwickelnden Fundaments mit ein paar Grafiken von oben mal näher.

Da es den Rahmen dieses Buches sprengen würde, ausführlich auf jedes Feld deines Fundamentes einzugehen, beziehe ich mich auf die Bedürfnispyramide nach Maslow:

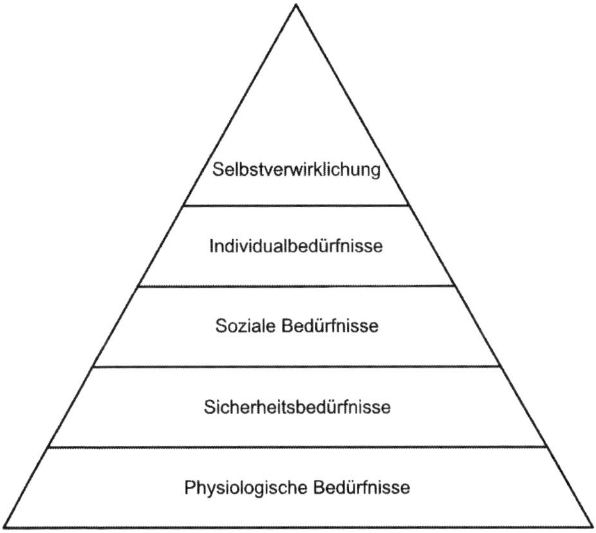

Urinstinkte und Triebe decken die physiologischen und einen Teil der Sicherheitsbedürfnisse ab. Ein Steinzeitmensch wählt zum Schlafen instinktiv einen versteckten Platz, weil er sich dort sicherer fühlt.

Gesellschaftliche Normen werden dem Individuum von den Eltern und der Gesellschaft vermittelt. Auf Basis dieses Wissens entwickelt das Individuum eigene Normen, aus welchen sich im späteren Leben die Gewohnheiten des Alltags entwickeln. Das Leben in einer funktionierenden Gesellschaft deckt den restlichen Teil der Sicherheitsbedürfnisse und einen Teil der sozialen Bedürfnisse ab.

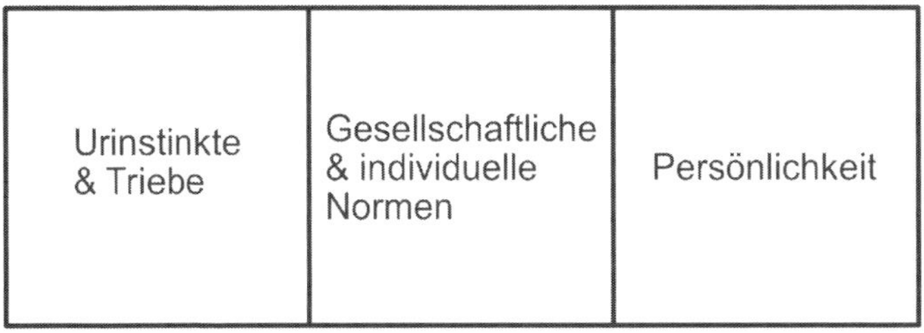

Als Nächstes fängt deine Persönlichkeit an, sich auf Basis der dir bekannten Normen und Gewohnheiten zu entwickeln. Die Persönlichkeit wird, ähnlich wie der Intellekt, sowohl vom Körper als auch vom Bewusstsein beeinflusst.

Der Körper beeinflusst die Persönlichkeit mit seinen Emotionen. Glück bringt eine freundliche Persönlichkeit hervor. Schlechte Emotionen wie Wut, Angst und Neid verzerren die Wahrnehmung des Individuums und können die Persönlichkeit im Schlechten beeinflussen.

Urinstinkte & Triebe	Gesellschaftliche & individuelle Normen	Persönlichkeit	Bewusstsein

Während sich die vorherigen Aspekte deines Fundaments instinktiv entwickeln und schwer zu beeinflussen sind, ist dein Bewusstsein mit seinem Werkzeug, dem Intellekt, dazu in der Lage, das in dir verankerte Wissen und die in dir verankerten Gewohnheiten zu erkennen und abseits vom eigenen Ego zu bewerten. Mit etwas Mühe ist es im Laufe dieses Prozesses dann möglich, das eigene Handeln zu verändern.

Dein Bewusstsein ist dazu in der Lage, beispielsweise dein gesellschaftliches Umfeld, hinsichtlich Einflüssen auf deine Zukunft zu untersuchen. Ein Mensch, welcher sich plötzlich dazu entscheidet bei einem langjährigen Arbeitgeber zu kündigen/eine innige Beziehung zu beenden/in eine fremde Stadt zu ziehen, hat erkannt, dass der gewählte Weg nicht am angestrebten Ziel endet.

Überlege, wo dein Weg endet, und entscheide bewusst.

Nach diesem Prinzip hast du **jeden Tag** die Wahl, dich statt mit Videospielen, Streamingdiensten und allen voran Social Media mit Lesen zu beschäftigen. Du kannst dich dem eigenen Traum **jeden Tag** einen Schritt näher bringen.

Deine Persönlichkeit ist zu dem Zeitpunkt, an welchem das bewusste Leben einsetzt, schon zu einem großen Teil entwickelt, allerdings tief im Unterbewussten verankert.

Überlege an dieser Stelle, wie gut du deine Persönlichkeit kennst.

Wie gut kennst du deine individuellen Bedürfnisse? Wie gut bist du über die Hintergründe deiner alltäglichen Handlungen aufgeklärt? Hier ist nicht die Handlung an sich, Essen beispielsweise, gemeint, sondern die Art und Weise, wie du die Handlung machst. Neigst du dazu, zu schlingen, dein Essen oft nicht fertig zu essen, oder hast andere schlechte Angewohnheiten, welche du für dich als normal akzeptiert hast?

Essen ist ein triviales Beispiel, verdeutlicht das Prinzip dieser Handlung aber gut:

Die Weise, wie du im Alltag handelst, drückt anderen gegenüber deine Persönlichkeit aus. Wenn du häufig zu spät kommst, deutet das auf Unzuverlässigkeit und Respektlosigkeit hin. Wenn du angefangene Arbeiten nicht zu Ende bringst, deutet das auf Nachlässigkeit hin.

Diese vier Komponenten stellen das erste Quadrat auf deinem Wissensfundament dar. Wie wir noch wissen, brauchst du auf einem Quadrat, bevor du fundiert handeln kannst, ein halbwegs fundiertes Grundwissen. Du musst dich über dich selbst informieren.

Du kannst dein Bewusstsein bis zu einem gewissen Grad nutzen, um dich ‚komplett alleine' kennenzulernen. Ich empfehle, zuerst zu sehen, wie gut du dich **ganz alleine** kennenlernen kannst.

Du kannst deine Persönlichkeit alleine kennenlernen, indem du dein Verhalten im Alltag beobachtest und Unterschiede zum Verhalten anderer ausmachst. Das geht üblicherweise schnell und ohne Aufwand.

Dein Verhalten, deine Ängste, deine Vorlieben und alle anderen Eigenheiten an dir machen dich aus. Sie unterscheiden dich von anderen Menschen. Du hast sie dir unbewusst gebildet und kannst dir, indem du dich bewusst an die Ursprünge erinnerst, den Umgang mit dir selbst erleichtern. Manche schlechten Angewohnheiten und Ängste kannst du so sogar komplett hinter dir lassen.

Nimm dir Hilfe von anderen Menschen in Form von Ratschlägen, wann immer du sie benötigst. Nimm dir, wenn nötig, eine Therapeutin/einen Therapeuten zur Hilfe. Sei dir aber bewusst, dass keiner der anderen dir den Umgang mit dir selbst erleichtern kann.

Ratschläge anderer können nur helfen, wenn du sie anwendest.

Wenn du **wirklich** an dir Arbeiten willst, musst du dein Bewusstsein nutzen, und damit dein **gesamtes bisheriges Leben** in Frage stellen. Warum tust du, was du tust?

Deine Antworten könnten wie folgt aussehen:
- Ich gehe in die Schule, weil es Pflicht ist/Ich gehe arbeiten, weil ich meinen Beitrag an die Gesellschaft leisten möchte.
- Ich gehe dreimal in der Woche ins Gym, weil Sport wichtig ist.
- Ich treffe mich bei Gelegenheit mit Freunden, um soziale Kontakte zu haben.
- Ich schaue Serien/spiele Videospiele/bin oft auf Social Media weil ich auch mal Zeit nur für mich brauche.

Als Nächstes fragst du dich, welche Tätigkeit du **nur** für dich hast.

Aus den oberen vier Optionen kommen zwei in Frage, Sport und die genannten Beschäftigungen vor einem Monitor.

Ich bewerte beide Tätigkeiten mal aus meiner persönlichen Sichtweise:

Sport

Sport stellt einen Übergang zwischen Arbeit für das Gemüt und Arbeit für die Gesundheit dar.

Man könnte ihn als notwendig bezeichnen und ihn so als Arbeit für sich von vornherein ausschließen, jedoch gibt es genügend Bodybuilder und Berufssportler, welche das Gegenteil beweisen.

Fazit: Du entscheidest, was Sport für dich ist.

Monitore

Beschäftigung am Monitor ist für dich erstmal nichts Verwerfliches. Ich schaue selbst gerne Filme, habe ein paar Jahre meines Lebens Videospielen gewidmet und bin jeden Tag ein wenig auf Instagram.

Wichtig ist, dass die genannten Freizeitbeschäftigungen am Monitor zur Erholung taugen, aber bei übermäßigem Konsum schnell zu einer weiteren bedeutungslosen Quelle von billigem Dopamin werden.

Da soziale Netzwerke das Hauptziel haben, Werbung zu machen, sind vor allem sie eine gefährliche Quelle für einen falschen Zuspruch, welcher zwar Zeit vertreibt, deinem Gemüt gemäß aktuellen Studien allerdings alles andere als guttut.

Ich gehe zu einem späteren Teil nochmal darauf ein, wie soziale Netzwerke unsere Gesellschaft vergiften.

EREIGNISSE

Es gibt für dich grundsätzlich nur zwei Arten von Ereignissen: beeinflussbare und nicht beeinflussbare Ereignisse.

Nicht beeinflussbare Ereignisse sind die 10 Prozent beim 90/10 Prinzip: das Wetter, das Verhalten anderer Menschen oder eine Bahn, welche ausfällt.

Da du diese Ereignisse nicht beeinflussen kannst, macht es keinen Sinn dies zu versuchen, und genau so wenig, sich darüber aufzuregen. Alles, was dadurch in dir passiert, kann eine Stressreaktion auslösen, welche im schlimmsten Fall auf einer Abwärtsspirale in einem Streit, einem Breakdown oder Ähnlichem endet.

Beeinflussbare Ereignisse lassen sich durch achtsame Beobachtung vom Bewusstsein erfassen und sind – wie der Name schon sagt – von dir beeinflussbar.

Wir unterscheiden diese Art der Ereignisse in zwei weitere Gruppen:
direkt und indirekt beeinflussbare Ereignisse.

Die direkt beeinflussbaren Ereignisse stellen den größten Teil deiner Freizeit dar. Du entscheidest, ob du ins Kino gehst, zuhause einen Serienmarathon (billiges Dopamin) vollziehst oder dich beim Darts weiter verbesserst (qualitatives Dopamin).

Du entscheidest dich, einen Gedanken auszusprechen oder es sein zu lassen. Du entscheidest dich, bei einem Job zu bleiben, welcher dir nicht guttut, eine toxische Beziehung weiterzuführen, oder beeinflusst dieses dauerhaft schlechte Ereignis in eine für dich gute Richtung und kündigst, beendest die Beziehung etc.

Indirekt beeinflussbare Ereignisse sind solche, welche sich durch dein Zutun hätten verändern lassen. Je weiter dein persönliches Wissensfundament entwickelt ist, je aufmerksamer du durch die Welt gehst, desto besser kannst du mit Wissen aus vergangenen, indirekt beeinflussbaren Ereignissen auf mögliche neue, beeinflussbare Ereignisse schließen.

Um dieses Prinzip zu verdeutlichen, greife ich statt auf eine Figur auf ein vergangenes Ereignis aus meinem eigenen Leben zurück:

Als ich im Dezember des Jahres 2021 meinen Führerschein mit 20 Jahren endlich in der Hand hielt, machte ich mich voller Enthusiasmus auf die Suche nach einem Erstwagen.

Das Auto, welches ich aufgrund des günstigen Preises von Privatverkäufern kaufte, hatte keine Wartungsunterlagen.

Da das Auto auf den ersten Eindruck – auch von fachkundigen Bekannten überprüft – keine größeren Mängel aufwies, schob ich den Besuch in der Werkstatt einen Monat lang vor mir her.

Als ich eines Tages mit einem Tempo von ca. 155 km/h auf der linken Spur der A5 fuhr, driftete mein Auto plötzlich beängstigend schnell in Richtung der Spurentrennung.

In meiner Panik riss ich das Lenkrad nach rechts und das Auto stelle sich auf den Kopf. Ich kann mich erinnern, wie die Karosserie Funken sprühte, während ich in einer unheimlichen Geschwindigkeit über den Asphalt wetzte.

Ironischerweise habe ich den Geruch als schlimmsten Aspekt des gesamten Ereignisses in Erinnerung.

Hätte ich das Auto ordentlich überprüfen lassen, wäre der Mangel am linken Vorderreifen wahrscheinlich aufgefallen und mir wäre dieser Schnuppertag als Stuntman erspart geblieben.

Alltäglichere Beispiele für indirekt beeinflussbare Ereignisse sind:

Im Unterricht/Bei Schulungen/Bei Kursen/Beim Lesen kurze, für dich gut verständliche Notizen aufschreiben. Das hilft dir gleichzeitig das Thema besser zu verstehen und ermöglicht dir ein schnelleres wiederholen des Themas. Im Umkehrschluss hast du auch mehr Freizeit.

Du solltest auf genügend Schlaf achten. Es ist nicht anspruchsvoll, deinen durchschnittlichen Schlaf pro Tag auf beispielsweise eine Woche bezogen auszurechnen. Deine durchschnittliche Schlafdauer sollte täglich zwischen sieben und neun Stunden liegen.

Vor allem Schlaf ist extrem wichtig für ein – wortwörtlich – waches Bewusstsein.

Du kannst selbstverständlich auch mal weniger als sieben und mal länger als neun Stunden schlafen, sei dir aber bewusst, dass beides dein Bewusstsein trübt und dessen aktiven Einfluss auf deine Handlungen einschränkt.

Nochmal in eigenen Worten erklärt:

Bei dauerhaft zu wenig Schlaf handelt man irgendwann zunehmend instinktiver. Der Körper und die Persönlichkeit beeinflussen das Handeln tendenziell eher in eine Richtung, welche billiges Dopamin verspricht.

Dauerhaft zu viel Schlaf macht träge und kann eine Art erfundene Hilflosigkeit in dir befeuern. Du bist dir über das, was du tun könntest, bewusst, neigst aber eher dazu, deine Zeit mit billigem Dopamin zu verschwenden, und erzählst dir Lügen wie „Ich habe keine Zeit um neben meiner Arbeit auch noch für qualitatives Dopamin zu arbeiten".

FEHLER MACHEN

Ein gut ausgeprägtes Wissensfundament ermöglicht es dir, in diesen Aspekten des Lebens mehr und mehr bewusst zu handeln, umso theoretisches Wissen anzuwenden und damit Erfahrungen zu machen.

Diese Erfahrungen beeinflussen dann wieder dein Bewusstsein und etablieren sich in deinem Fundament als Erfahrungen.

Du bist bei neuen Tätigkeiten unweigerlich dazu gezwungen, zu versuchen, das theoretische Wissen aus deinen Wissensquellen irgendwie in die Praxis umzusetzen. Fehler sind hierbei normal und sollten von dir nicht als schlecht, sondern als gut gesehen werden.

Überlege, wenn du einen Fehler machst, wie du beim nächsten Mal anders handeln kannst, und präge dir die Lösung für das Problem so gut wie möglich ein.

Es ist nur menschlich, den gleichen Fehler zwei-, drei-, von mir aus auch fünfmal zu machen, solange du dich immer wieder an deine Lösung erinnern kannst.

Irgendwann wird das Bewusstsein das neue Wissen anwenden und dir fällt im Nachgang auf, dass du an diesem Tag einen Fehler weniger gemacht hast.

GUTER UMGANG MIT FEHLERN

„The man who does things makes mistakes,
but he who doesn't makes the biggest mistake of
all-doing-nothing."
Benjamin Franklin

Fehler entstehen beim Handeln und können demnach, genau wie Handlungen im Generellen, in schlaue und dumme bzw. gute und schlechte Fehler aufgeteilt werden.

Gute Fehler entstehen i. d. R. beim Arbeiten. Du lernst, was du bei deiner Tätigkeit beachten musst, um immer seltener Fehler zu machen, und wirst dadurch besser. *Sie wirken produktiv, wenn du sie als solches erkennst.*

Wenn du dir bei einer Tätigkeit eine gewisse Grunderfahrung angearbeitet hast, kannst du bei dieser anfangen, kreativ zu werden, und die eigene Persönlichkeit in deine Erzeugnisse einbringen.

Dabei werden weiter produktive Fehler passieren, welche deine ganz eigene Arbeit für dich mit jedem weiteren Fehler realer machen und so die reinste Form von qualitativem Dopamin freisetzen, welche mir bekannt ist. Auch auf dieses beschriebene Konzept lässt sich mein Bewusstseinskreislauf anwenden.

Die Zeit spielt in diesem Prozess eine wesentliche Rolle. Fehler bedeuten Erfahrung. Wenn du wenig Erfahrung in etwas hast, kann es sehr viele Fehler über einen langen Zeitraum benötigen, um diese zu bekommen.

Wenn du aufgrund dieser Erkenntnis nicht mit einer Sache anfängst, ist es unmöglich ein Gefühl dafür zu bekommen, wie viele Fehler es benötigt, den Prozess zu meistern.

Dumme Fehler wirken sich offensichtlich schlecht auf zukünftige Ereignisse aus und sind demnach – einfach nur dumm.

Wenn du deine Partnerin oder deinen Partner vernachlässigst, betrügst oder ihr/sein Vertrauen in irgendeiner anderen Hinsicht missbrauchst, ist es klar, dass er/sie sich im Nachgang verletzt fühlen wird, das Vertrauen zwischen euch darunter leidet und/oder die Beziehung beendet.

Auch aus schlechten Fehlern lernst du.

Schlechte Fehler deuten auf Makel in dir hin. Du solltest dazu in der Lage sein, manche deiner Fehler als schlecht zu akzeptieren. Wenn du dich mit dieser Erkenntnis selbst beobachtest, lernst du auf Basis deiner eigenen schlechten Fehler, zukünftige indirekt beeinflussbare Ereignisse, bevor diese passieren, zu erkennen.

Damit zur Geschichte unserer nächsten Figur:

Patrick kommt an vier von fünf Arbeitstagen wöchentlich zu spät bei seiner Erwerbstätigkeit an. Er redet sich ein, dass es ihm nicht möglich ist, vor 23:30 Uhr einzuschlafen, und bleibt, wenn sein Wecker um 05:15 Uhr klingelt, gerne bis nach 05:25 Uhr im Bett liegen, hastet sich mit Anziehen und Frühstücken ab und fährt dann so schnell wie möglich mit dem Auto los.

An einem Tag erwischt er in einer unübersichtlichen Kurve einen Fußgänger und ist jetzt dafür verantwortlich, dass ein anderer Mensch sein restliches Leben mit chronischen Schmerzen beim Laufen zu kämpfen haben wird.

Hätte Patrick weniger Energy Drinks und Koffein zu sich genommen, hätte er ausreichend Schlaf bekommen, wäre er an diesem und allen vorherigen Tagen aufmerksam gewesen, pünktlich gekommen und hätte vor allem anderen nicht das Leid eines anderen auf dem Gewissen.

FEHLER ANDERER

Jeder Mensch macht gute und schlechte Fehler. Ein Problem bei der Arbeit mit anderen Menschen besteht darin, dass ein für das ausführende Individuum guter Fehler sich schlecht auf einen anderen Prozess (beispielsweise Zeitfristen) auswirken kann.

Je nach Reaktion des anderen Individuums kann das machende Individuum eine gewisse unbewusste Angst vor Fehlern entwickeln, was seinen/ihren guten Lernprozess einschränken kann und im schlimmsten Fall in einer Ich-bin-zu-dumm-dafür-Abwärtsspirale endet. So schränkt sich das Individuum selbst in seiner Handlungsmacht und Kreativität ein.

Es ist unheimlich wichtig, bei den eigenen Beschäftigungen zu lernen, gute von schlechten Fehlern zu unterscheiden.

Wenn dein Bewusstsein dafür eine Fähigkeit entwickelt hat, kann es im Alltag mehr und mehr darauf achten, die Reaktion auf Fehler anderer Menschen anhand eines guten bzw. schlechten Fehlers für die andere Person anzupassen.

Wenn du bei einer anderen Person einen produktiven Fehler erkennst, helfe ihr dabei, ihr Fundament für das nächste Mal zu stärken, indem du ihr freundlich Ratschläge gibst. Lasse dich nicht stressen, wenn du den oder die andere häufiger korrigieren musst. Sei dir bewusst, dass auch Ratschläge andere stressen können und sei nicht zu aufdringlich.

Im Umgang mit dummen Fehlern von anderen sind dir alle Tore offen. Sei dir bewusst, dass deine Reaktion je nach Schweregrad des Fehlers einen mehr oder weniger großen Anteil im Lernprozess des anderen Menschen haben wird, und versuche trotz des Fehlers das bestmögliche indirekt beeinflussbare Ereignis für die Zukunft des anderen Individuums zu erreichen.

GELD MACHEN

Ein Mensch, welcher bis zur Rente Vollzeit in einem Unternehmen angestellt ist, verbringt rund ein Drittel seines Lebens mit der Arbeit.

Sprüche, wie Zeit ist teuer oder Zeit ist Geld, beschreiben den großen Wert der Zeit in keiner Weise. Nur **du** selbst kannst die Bedeutung **deiner** Zeit für **dich** festlegen.

Du darfst dich und andere daher so wenig wie möglich sowohl körperlich als auch mental belasten. Gute Zeit zeichnet sich durch Spaß, Erfahrungen, Ergebnisse oder manchmal auch einfach nur durch Unbeschwertheit aus.

Deine Zeit zu verwenden, um dir Wissen anzueignen, klingt bei einem ungewissen Ausgang des Lebens nach Zeitverschwendung, keine Frage.

Aber sieh dir die Alternativen an: Du kannst dich mit einer gewissen Aufstiegschance ein Leben lang für einen Konzern, welcher dich in erster Linie als Ressource sieht, kaputt arbeiten und dann auf ein Leben für andere zurückblicken, in welchem dein Bewusstsein nie wirklich das Licht der Welt erblickt hat – oder Zeit in eventuell falsches Wissen investieren, dich im Prozess besser kennen lernen und anschließend mit einem GARANTIERT erweiterten Fundament nach für dich besserem Wissen Ausschau halten.

Wenn du dich selbst gut genug kennst, hältst du nach Möglichkeiten Ausschau, dich irgendwie in eine für dich gute Richtung erwerbstätig einzubringen und probierst, abseits vom Geld, verschiedene mögliche Passionen aus.

Wenn du dieses Buch liest und noch in deiner Schul-, Studien-, Ausbildungszeit bist, bitte ich dich von ganzem Herzen, einen Teil der vielen Freizeit, die du noch hast, für eine Passion zu nutzen.

Wenn du außerhalb deiner Passion erwerbstätig bist, ist es schwieriger, aber auch nicht unmöglich, Zeit nur für dich selbst zu finden.

Ich habe in meinem Prozess an einem gewissen Punkt gemerkt, wie Geld für mich immer mehr an Bedeutung verlor. Ich merkte, für welche Aspekte meiner möglichen Passionen ich wie viel Geld investieren müsste und im Umkehrschluss fielen andere, unnötige Ausgaben, welche ich in dieser Zeit sonst machte, weg.

Ich sparte Geld, indem ich mich auf mich selbst konzentrierte.

Ich war zunehmend gerne alleine und geriet mit mir gleichzeitig immer mehr ins Reine. Es faszinierte mich, dass ich mich abseits vom Geld produktiv und nur für mich beschäftigen konnte.

Natürlich kosten viele mögliche Passionen zumindest ab einem gewissen Punkt Geld. Wenn mir eine Zugangsbeschränkung in Form von Geld zu teuer war, sah ich mich nach günstigeren bzw. kostenlosen Alternativen um oder ließ die zu teure Beschäftigung liegen und sah mich nach einer neuen um.

Ein paar dieser möglichen Passionen waren:

- Websites erstellen
  - Es ist möglich, auf wordpress.com kostenlos eine gehostete Website zu erstellen.
  - Viele Domains sind günstig erhältlich.
  - Websites können schnell teuer werden.

- Print-on-Demand
  - POD ist eine ‚harmlosere' Form von Dropshipping.
  - Bei dieser möglichen Passion bin ich auf das Programm Affinity-Designer gekommen, welches ich für die Grafiken in meinem Manuskript genutzt habe.
- Etwas animieren
  - Blender ist ein unvorstellbar mächtiges Open-Source-3D-Programm.

Keine dieser Tätigkeiten brachten mir langfristigen Spaß. Jedoch kann ich in unserer heutigen, internetbasierten Gesellschaft jedem empfehlen, sich mit dem Thema Websites zumindest mal auseinanderzusetzen.

Kleiner Tipp:
Solltest du ein Produkt irgendeiner Art verkaufen wollen, ist eine selbst erstellte Website quasi der gemietete Verkaufsstand auf dem größten Marktplatz, welchen es gibt – dem Internet.

Viel Wissen ist in Form von Büchern verhältnismäßig günstig erhältlich, noch viel mehr im Internet in jeder erdenklichen Form vorhanden bzw. gegen Bezahlung zugänglich.

Ich kann dir nur empfehlen, nach einer Arbeit für dich Ausschau zu halten, welche du anfangs **wirklich** nur als Beschäftigung für dein Gemüt siehst.

Nicht jede Beschäftigung fürs Gemüt sollte in der Lage sein, Geld einzubringen, jedoch tut es der eigenen Erwerbsfähigkeit in jedem Fall gut.

Wir verdeutlichen dieses Prinzip mit einer weiteren Geschichte:

Ellie hat vor einer Woche bei einem sehr stressigen Arbeitgeber gekündigt und sucht nach ein paar Tagen Erholungsurlaub bei ihren Eltern nach einer Tätigkeit für ihr Gemüt.

Sie hat eine kleine Summe zusammengespart und beschließt, sich einen Monat lang auf Erspartem auszuruhen.

Da sie die Produktionsbedingungen der meisten großen Textilhersteller stören, beschließt sie, sich eigene Klamotten zu schneidern. Da sie auf dem Themengebiet komplett unwissend ist, nutzt sie den Monat Freizeit, um sich eine Grundkenntnis im Schneidern anzueignen. Es macht ihr zwar Spaß, aber sie hat nicht genügend Erfahrung, um damit Geld zu verdienen.

Im nächsten Vollzeit-Job entscheidet sie sich aus Passion, sonntags mindestens zwei Stunden zu schneidern.

Auch dieser Job ist sehr stressig und nach ein paar Wochen merkt sie, wie das Schneidern ihr guttut. Ihre neue Passion hilft ihr **bewusst spürbar** dabei, dem Stress des Alltags zu entkommen.

Mittlerweile ist sie auch, was Modedesign angeht, an einem Punkt angekommen, an welchem sie ihre eigenen Klamotten selbst anzieht.

Mehr Zeit vergeht und sie fertigt inzwischen maßgeschneiderte Mode für Freunde und dessen Bekannte. Manchmal als Geschenk, manchmal für ein wenig Geld.

Anderthalb Jahre nach Aufnahme der neuen Passion ermöglicht diese es ihr, ihren stressigen Beruf auf drei Arbeitstage die Woche zu reduzieren.

Jetzt hat sie mehr freie Zeit, welche sie natürlich für ihre Passion nutzt. Sie lernt, einen Online-Shop zu erstellen, und übt sich damit ein wenig in Facebook-Ads.

Zweieinhalb Jahre nach Aufnahme der neuen Erwerbstätigkeit verdient sie genügend Geld, um ihren mittlerweile verhassten

Arbeitsplatz endlich zu kündigen, und konzentriert sich Vollzeit auf die Passion.

Mit der neu gewonnenen Freiheit nutzt sie ihre Zeit, um sich in der Modebranche, anfangs nur auf kleineren Ausstellungen, zu etablieren. Aufgrund der guten Qualität ihrer Kleider erfindet sie ein Markenzeichen, unter welchem sie ihre Bekleidung anbietet. Durch hohe Qualität und individuell anpassbare Eigenschaften ihrer Textilprodukte kann sie diese nach einem erstaunlich kurzen Zeitraum von nur einem halben Jahr zu sehr hohen Preisen anbieten.

Fünf Jahre nachdem Ellie ihre Passion gefunden hat, bekommt sie von einem großen Modeunternehmen ein Angebot für ihre Marke, welches sie dankend annimmt.

Der eigene Webshop wurde ihr mit der Zeit zu stressig und ihre Passion driftet in Richtung Kindererziehung ab. Sie bekommt mit ihrem langjährigen Partner ein Kind. Beide Eltern sind die ersten Jahre zuhause. Ellie hat aus ihrem Verkauf genügend Geld verdient, um den Ruhestand für beide zu finanzieren.

Die beiden bekommen ein Kind und können komplett auf einen Job verzichten.

Die ersten vier Jahre bleiben sie zuhause und geben dem Kind die nötige Liebe als eine gute Voraussetzung im späteren Leben. Bis das Kind 16 Jahre alt ist, gehen beide abwechselnd alle paar Monate als Beschäftigung abseits des neuen Alltags halbtags arbeiten.

Als das Kind 16 Jahre alt ist, ist es für sein junges Alter schon dazu in der Lage, selbst sehr viel Verantwortung zu übernehmen.

Ellie beobachtet das Heranwachsen stolz und entwickelt auf Basis ihrer Notizen aus der Erziehung ein Konzept für einen Kindergarten.

In ihrem Kindergarten werden Kinder von klein auf aktiv dazu motiviert, kreativ zu sein.

Ihr Konzept wird weltberühmt und sie ist ihr restliches Leben eine sehr große Persönlichkeit in der Erziehungsentwicklung.

Sehen wir uns anhand einer anderen Geschichte an, wie eine weitere Figur mit Geld als Beweggrund versucht, Klamotten zu verkaufen:

Johnson (18) möchte reich werden. Am liebsten schnell und ohne viel eigenen Aufwand. Er investiert seit zwei Jahren in Aktien, verdient damit aber kein Geld.

Als er in einem YouTube-Video von Dropshipping erfährt, ist er entsprechend begeistert und steigt gegen eine monatliche Gebühr bei einem Onlineanbieter ein.

Nach einem halben Jahr macht er zwar ein paar Verkäufe jeden Monat, jedoch muss er nach wie vor etwas drauflegen. „Ach, das wird schon noch“, denkt er sich.

Neun weitere Monate später ist Johnson pleite. Er wohnt zwar noch bei seinen Eltern, weshalb er sich keine Sorgen um seine Existenz machen muss. Dennoch hat er einen insgesamt vierstelligen Betrag verloren und schwört der selbstständigen Arbeit ein für alle Mal ab.

VERANTWORTUNG

And nowadays things change
everyone's afraid of the youth cause the truth look,
strange

And for me it's reversed
we left them a world that's cursed
and it hurts

Tupac Amaru Shakur
(*16.06.1971; †13.09.1996),
Ghetto Gospel (2005)

Da mich der im Jahr 1992 aufgenommene, erst im Jahr 2005 posthum durch Rapper Eminem veröffentlichte Text dieses Liedes erst nach häufigem Anhören über mehrere Jahre dazu inspirieren konnte, das Folgende zu schreiben, werde ich hier auf die unglaublich wichtige Essenz des Songtextes eingehen.

Ich habe mich entschieden, zu glauben, dass Tupac damals schon die unglaubliche Kraft in diesem Lied erkannte und sich **bewusst** dazu entschied, das Lied trotz der Qualität des Textes aufgrund der Ungewissheit seines weiteren Lebens nicht zu veröffentlichen.

Als Eminem Jahre später durch ein zufälliges Ereignis an diesen Text kam, wurde auch er sich der unglaublich starken Message **bewusst**.
Da er sich ebenfalls der Kontroverse der Persönlichkeit Tupacs bewusst war, drängte es ihn, diese etwas zu relativieren.

Durch ein anderes zufälliges Ereignis lernte er Elton John kennen bzw. hatte diesen bereits kennengelernt. Auch Elton John war sich der außergewöhnlich starken Message in dem Songtext **bewusst** und entschied sich, die Hook zu singen (Those who wish to follow me ...).

Auf ein und dieselbe Art ist mir heute auf dem Rückweg von der Berufsschule die Essenz des Textes **bewusst** geworden und ich setzte mich, als ich zuhause ankam, unverzüglich und auf meine ganz eigene Weise mit dem Lied auseinander.

Zu Pacs Leben:
Tupac Amaru Shakur machte früh Erfahrungen mit der Kunst und stand etwa als Teenager schon in Theaterstücken auf der Bühne. An einer Kunstschule verfeinerter er schließlich seine Fähigkeiten. Auch am Hip-Hop versuchte er sich schon damals. Nach einem Umzug in das kalifornische Marin City konnte er schließlich einen Plattenvertrag ergattern.
Zuerst machte sich der Rapper Anfang der 1990er in der Hip-Hop-Band „Digital Underground" einen Namen, versuchte sich bald aber auch als Solokünstler. Seine Karriere nahm schnell Fahrt auf und Tupac Shakur konnte schon zu Lebzeiten einige Millionen Alben verkaufen. Unter seinen Machwerken finden sich viele Tonträger, die immer wieder als Klassiker des Genres bezeichnet wurden. Besonders kurios: Nachdem sein Leichnam verbrannt wurde, mischten Mitglieder der von Shakur gegründeten Combo „Outlawz" ein wenig seiner Asche mit Marihuana und „rauchten" die Überreste des Rappers.

Prominentenprofil zu Tupac Shakur. In: Internetseite Pro Sieben. URL: *https://www.prosieben.de/themen/stars/profile/tupac-shakur-62516 (Datum des letzten Zugriffs: 08.03.23).*

1991 veröffentlichte 2Pac sein erstes und zugleich politisches Album „2Pacalypse Now".

In den frühen Jahren seiner Musikkarriere machte 2Pac Texte, welche die Missstände in den damaligen Ghettos auf eine neue, sehr anschauliche Art und Weise verdeutlichten.

In seinen späteren Jahren wurden sowohl seine Texte als auch seine Handlungen gewalttätiger und er wurde von der Öffentlichkeit als zunehmend gewaltverherrlichend wahrgenommen.

In Interviews aus seinen letzten Jahren kann man beim Anschauen förmlich spüren, unter welchem Druck er an diesem Punkt seines Lebens stand.

Das Bild von einem Gangster, welcher in seiner Musik Bandenkriminalität und Weiteres verherrlicht bzw. darstellt, **entspricht nicht seinen ursprünglichen Beweggründen**!

Da ihr vermutlich alle eine Vorstellung von dem habt, wofür Eminem und Elton John inzwischen stehen, gehe ich auf diese Persönlichkeiten nicht weiter ein.

Was erklärt uns „Ghetto Gospel" über Nächstenliebe?

Nächstenliebe ist, bewusst Verantwortung für Schwächere, vor allem aber die kommenden Generationen zu übernehmen. Tupac bezeichnet unsere Welt im Laufe des Songs als verflucht.

Mit der meiner Ansicht nach immer dreister werdenden Ausbeutung vieler Menschen auf der gesamten Welt, stimme ich diesem Vorwurf nach über 30 Jahren zu. Nur wenn alle Menschen zusammen arbeiten, kann der Fluch aufgehoben werden.

Wenn du dich über Missstände auf dieser Welt aufregst, ist das **nur dann** gerechtfertigt, wenn du einen konkreten Lösungsansatz für mindestens ein konkretes Problem hast und diesen auch bis in die Wurzel durchdenkst!

Solltest du es schaffen, die Essenz hinter dieser Aussage zu verstehen und für dich zu akzeptieren, werden auf deinen ersten möglichen Lösungsansatz eigene Handlungen folgen.

Natürlich werden dir auch dabei Fehler passieren, aus welchen du lernen und dich verbessern kannst.

Eine weitere, wenn auch beiläufige, Anmerkung in „Ghetto Gospel“ bezieht sich ziemlich offensichtlich auf billiges Dopamin:

„But I'm a less holy, cause I choose to puff a blunt or drink a beer with my homies?“

Vielleicht denkst du dir jetzt etwas wie: „Aber Philip! Du erklärst mir das halbe Buch, wie schlecht billiges Dopamin für mich und meine Zukunft ist! Warum redest du einen Text, welcher es verschönt, hier so heilig!?“

Ausgezeichnete Frage! Aber was ist gut und was ist schlecht? Ist die Grundlage dieser Bewertung nicht – Teil der Persönlichkeit des Individuums?

Prinzipiell kannst nur du selbst *gut* und *schlecht* für dich definieren. Billiges Dopamin schließt qualitatives Dopamin nicht komplett aus und andersherum genauso wenig.

Billiges Dopamin ist billig, weil es wenig bzw. keine Zeit kostet, es dir zu erarbeiten. Wenn du dich jeden Tag bis zur Besinnungslosigkeit betrinkst, ist das natürlich extrem ungesund für deinen Körper.

Wenn du dabei als Arbeit für dich eigenes Bier braust, versorgst du dich dabei jedoch ebenfalls mit qualitativem Dopamin, was den schlechten Einfluss relativiert.

!!!WICHTIG!!!
Das obige Beispiel ist bewusst makaber gewählt, um den möglichen Widerspruch eines individuellen Lebens zu gesellschaftlichen Normen zu verdeutlichten.

Ich als Autor möchte Drogen-, vor allem aber Alkoholkonsum in keiner Weise euphemistisch darstellen!

Bei meiner Arbeit als Augenoptiker verwendete ich Ethanol als Lösemittel.
Ein Lösemittel hat nichts in deinem Gehirn zu suchen.

Damit weiter im Text:
Natürlich gibt es gewisse gesellschaftliche Vorgaben, beispielsweise das Grundgesetz, an welche du dich halten musst, um dich frei bewegen zu dürfen.

Alle Handlungen eines Menschen, welche sich außerhalb dieser gegebenen Norm bewegen, beispielsweise im Alltag, sind grundsätzlich neutral und werden erst durch den Eindruck einer wahrnehmenden Persönlichkeit in gut, schlecht oder neutral für den handelnden bzw. wahrnehmenden Menschen und/ oder andere empfunden.

Beispielsweise kann Kritik von der vorgesetzten Person von dem angesprochenen Individuum als extrem schlecht wahrgenommen, von herumstehenden, beobachtenden Individuen allerdings als Freude aufgenommen werden.

Es gibt abseits von selbst definierbaren Konzepten wie schlau und dumm oder gut und böse nur eine einzige, echte Motivation zum Handeln, welche **immer** die richtige ist. Gemeint ist die Bestimmung, welche du deinem Leben selbst gibst.

Kommen wir zuerst aber zu dem Filter, durch welchen du gut und böse im Alltag wahrnimmst:

STRESS

Stress ist in unserer heutigen Gesellschaft ein viel zu großes Thema, welches sich in seinen Symptomen leider nicht konkret für das einzelne Individuum definieren lässt.

Stress führt sich auf Urinstinkte zurück und war ursprünglich eine Fight-or-flight-Reaktion des Körpers. Das kurzfristige Stresshormon Adrenalin gibt dem Körper Kraft, um vor Raubtieren zu fliehen, bzw. machte die Persönlichkeit mutig und den Körper stark genug, um sie zu bekämpfen.

Wie wir bereits wissen, kann qualitatives Dopamin auch in Form eines Adrenalin-Kicks nach dem Sport auftreten. Daraus lässt sich schließen, dass Adrenalin für uns an und für sich als neutral gewertet werden kann.

Das langfristige Stresshormon Cortisol ist problematischer. Da ein Adrenalin-Kick (i. d. R.) nach ca. 15 Minuten endet, setzt der Körper nun Cortisol frei, um dem Gehirn zu signalisieren, dass die Gefahr noch nicht vorüber ist.

Der Körper stellt schnellstmöglich weitere Energie in Form von Glucose bereit. Um diese Energie ‚aus dem Nichts' zu bilden, wird sie aus den Muskeln produziert.

Cortisol wird zum Problem, wenn mehr produziert wird, als in gleicher Zeit abgebaut werden kann. Das Ergebnis ist Dauerstress.

Langfristiger Dauerstress ist in jeder erdenklichen Hinsicht ungesund für Körper und Psyche. Da die Reaktionen auf verschiedene ‚Stressoren' des Alltags so unterschiedlich und individuell wie die einzelnen Persönlichkeiten sind, kann ich dir leider nur raten zu lernen, ungesunden bzw. schlechten Stress in dir zu erkennen und dir diesem bewusst zu sein.

Wenn du die Ursprünge von einem oder mehrerer Stressoren nicht in deinem bewussten Fundament findest, suche einen Therapeuten auf.

Stress bildet die Persönlichkeit. Kleinkinder sind so süß, weil sie dem Stress einer voll entwickelten Persönlichkeit noch nicht ausgesetzt sein **können**.

Während sich die Persönlichkeit entwickelt, beeinflussen Stressoren die Richtung, in welche sich der Mensch im späteren Leben entwickeln wird.

Ein Kind, dessen Eltern vor ihm Gewalt an ihm oder sich gegenseitig anwenden, tendiert dazu in der Liebe selbst gewaltsam zu werden, da die Eltern es ihm als Kleinkind – abseits gesetzlicher Norm – als Aspekt der Liebe vermittelt haben.

Angenommen dieses gleiche Kind wird in der frühen Schulzeit – bevor das bewusste Leben einsetzt – häufig gewaltsam. Die Schule versucht mit Strafen zwar zu vermitteln, dass Gewalt schlecht ist, jedoch bleibt der Ursprung bestehen.

Obwohl das Individuum, welches sich im späteren Leben aus dem Kind entwickelt, nichts für seinen Ursprung kann, hat es von der Gesellschaft sein gesamtes Leben den Eindruck vermittelt bekommen, es wäre ‚böse'. Sein Bewusstseinszustand ist abseits der Norm.

Dieses Prinzip der Desensibilisierung lässt sich auf jede Veränderung im Verhalten anwenden. Veränderung führt sowohl in eine gute als auch in eine schlechte Richtung zu einer Aufwärts- bzw. Abwärtsspirale. Wenn du **wirklich bewusst** anfängst, jeden Tag bei Gelegenheit etwas Gutes für andere oder für dich zu tun, setzt das einen guten Desensibilisierungsprozess in dir in Gang.

Der Mensch, der du jetzt bist, entscheidet, unumgänglich, wer er in Zukunft sein wird – **entscheide bewusst**.

STRESS MIT ANDEREN

Auslöser für Stress im Zusammenleben mit anderen sind (meiner Beobachtung nach) am häufigsten auf Missverständnisse zurückzuführen.

Wenn du Stressreaktionen an dir selbst erkennen kannst, fällt es dir leichter, zu sehen, ob andere Personen im Stress sind.

Mache dir bewusst, dass sich Stress überträgt. Wenn du nicht mit deinem eigenen Stress umgehen kannst und bei unerwarteten Ereignissen unbewusst überreagierst, befeuerst du erstens deine eigene Stress-Abwärtsspirale und läufst vor allem Risiko, Abwärtsspiralen bei anderen auszulösen.

Viele Menschen im Stress am gleichen Ort sorgen für Chaos.

Ich selbst habe in mehreren Betrieben gearbeitet, in welchen ich Dauerstress sowohl bei mir als auch bei anderen beobachten konnte.

Keine der angestellten Personen in diesen Betrieben ging **wirklich** gerne arbeiten. Oft hatte ich den Eindruck, der ganze Betrieb arbeitet förmlich gegen- anstatt miteinander.

Aufgrund der individuellen Wahrnehmungen von Menschen können auch Beruhigungsversuche bei Stress vom Körper als primitive Gefahr aufgenommen werden.

Meiner Erfahrungen nach ist es das Beste im Umgang mit gestressten Personen, die eigenen Beweggründe komplett transparent zu offenbaren und dann Hilfe anzubieten.

Ein Beispiel dafür ist:
„Du machst mir einen sehr gestressten Eindruck, weshalb ich dir gerne irgendwie helfen würde. Kann ich im Moment etwas für dich tun?“

SOCIAL MEDIA

Beschäftigungen wie Social Media und Streaming-Dienste stellen die meiner Ansicht nach gefährlichste Art von billigem Dopamin dar, da sie vom Individuum im Gegensatz zu Drogen, Glücksspiel und anderen Süchten selten nur als solche dargestellt und wahrgenommen werden.

Vor allem soziale Medien aber stechen wegen eines zweiten Aspekts hervor:

Sie stellen schnelle Bedürfnisbefriedigung als selbstverständlich dar.

Übermäßiger Konsum von sozialen Medien führt zu einer modernen Art von Stress, welche ich jetzt sehr ausdrücklich auf die Essenz dieses Buches beziehen werde:

Ereignis: Du verschwendest zwei Stunden auf Instagram.

Intellekt/Intelligenz: Du bemerkst, dass du dir vorgenommen hattest, einen Ratgeber zu Thema XY zu lesen/zu lernen/etc.

Bewusstsein/Ereignis: Du fängst an.

Ereignis: Du bemerkst eine Nachricht auf deinem Handy, prüfst diese, **vergisst**, dass du eigentlich lernen wolltest, und verschwendest eine weitere Stunde.

Billiges Dopamin reizt das Unterbewusste – werde intelligenter als dein Unterbewusstsein.

KONZEPT VON STRESS

Es ist schwierig, ein generelles Konzept von Stress von dem generellen Konzept der Veränderung zu trennen.

Um das Prinzip hinter Stress zu verdeutlichen, vergleichen wir jedes Individuum mit einem Motor:

Zeit ist der Sprit dieses Motors. Im Gegensatz zu Treibstoff fließt sie durchgängig durch uns.

Unsere Persönlichkeit sind die ‚Richtwerte' für unseren optimalen Treibstoff.

Je besser dein Alltagsstress auf deine Persönlichkeit ausgerichtet ist, desto länger wird dein Motor halten.

Die Herausforderung besteht darin, auf deinem gesamten, persönlichen Fundament nach Treibstoff zu suchen, welcher sich perfekt anfühlt.

Furcht, egal welcher Art, ist unweigerlich ein Auslöser für schlechten Stress.

Kombiniert mit der oben dargestellten These von Lazarus & Folkman aus dem Jahr 1984 ergibt sich Stress als die individuelle Furcht vor schlechten Veränderungen.

„Furcht führt zu Wut.
Wut führt zu Hass.
Hass führt zu unsäglichem Leid."
Meister Yoda

MEDITATION

Ich selbst habe nur selten meditiert. Interessant war, dass ich zwischen vier und fünf Monate nach einem Klartraum-Ratgeber (Klarträumen ist die Fähigkeit, beim Träumen zu merken, dass man träumt) ein Buch über eine ‚ganz besondere' Meditationstechnik gelesen habe.

Lustigerweise habe ich die letzten 20–30 Seiten, auf welchen diese extrem besondere Meditationstechnik erklärt wurde, nicht gelesen.

Ich habe in wachem Zustand insgesamt unter zehn Stunden aktiv meditiert. Dennoch spürte ich, wie die versprochenen Resultate ganz von alleine einsetzten.

Ich kann mich nur selten an meine Träume erinnern und bin dadurch nicht dazu in der Lage zu sagen, wie oft ich einen Klartraum habe.

Ich bin am eigenen Praxisbeispiel überzeugt, dass in der Zeit, welche jeder von uns zum Schlafen nutzt, ein unglaubliches Potenzial steckt.

Meditation hat für mich nichts mit der Aktivität zu tun. Es geht darum, mit dir selbst ins Reine zu kommen. Wenn es dir hilft, aktiv Zeit dafür zu verwenden, tu dies. Wenn nicht, finde deinen eigenen Weg.

Ich hoffe, dass sich das im Buch vermittelte Wissen gut in deinem Leben etablieren wird. Es ist bewusst kurz gehalten, um es bei Bedarf mit wenig Zeitaufwand nochmal lesen zu können.

DIE LÖSUNG

Nur, wenn sich jeder Mensch über die Vorgänge tief in seinem Inneren bewusst ist und diese so in der Gesellschaft einbringt, dass genügend Glück für ihn selbst gewährt ist, können wir anfangen, dieses Glück auf andere zu übertragen.

Nächstenliebe bedeutet nicht, dich selbst hinten anzustellen. Echte Liebe, egal welcher Form, kann für ein Individuum erst garantiert werden, wenn dieses Individuum dazu in der Lage ist, sich selbst für das, was es tief im Inneren **wirklich** ist, zu lieben.

Im Prozess lernte dieses Individuum seine eigenen Ängste kennen und musste unweigerlich durch Gehen neuer Wege lernen, mit diesen umzugehen, und schaffte es sogar, manche dieser früheren Ängste für sich auszuspielen. Als dieser Prozess komplett abgeschlossen war, trennte es sich von der Furcht und begann ganz ohne eigenes Zutun, das Leben für das zu lieben, was es ist.

Mein gesamter Prozess dauerte fünf Jahre.

„Love starts with you“
Jennifer Lopez

LITERATURANGABE

- Covey, Stephen: Learn to live by the 90/10 principle (Rede). Hill Air Force Base, Utah (2014)
- Lazarus, Richard S. & Folkman, Susan: Stress, Appraisal and Coping. New York: Springer Publishing Company (1984)
- Spitzer, Manfred: Lernen: Gehirnforschung und die Schule des Lebens. Heidelberg und Berlin: Spektrum Akademischer Verlag (2006)

Der Autor

Philip Blanke wurde im Jahre 2001 in Frankfurt am Main geboren. Nach dem Fachabitur in der Fachrichtung Wirtschaft und Verwaltung machte er zunächst eine Lehre zum Optiker. Mittlerweile hat er eine Ausbildung zum Kaufmann oben drauf gesattelt. Schon früh merkte er, dass er nicht pragmatisch lernen, sondern lieber die Zusammenhänge erfassen wollte und sich als Teil eines großen Ganzen begriff. Im Laufe seiner nicht stringent-linearen Ausbildung eignete er sich trotzdem (oder gerade deswegen) eine gute Menschenkenntnis an und lernte im Zuge dessen, sich auch selbst mehr zu vertrauen. Vor diesem Hintergrund kam er zum Schreiben und entwickelte daraus eine regelrechte Passion. Mit „Ein Macher sein“ hat er nun ein Werk vorgelegt, in dem er seine Erkenntnisse aus dieser Zeit darlegt.